以班级文化建设为载体的
德育实践研究

刘福颖

刘　巍

白倩倩

○ 编著

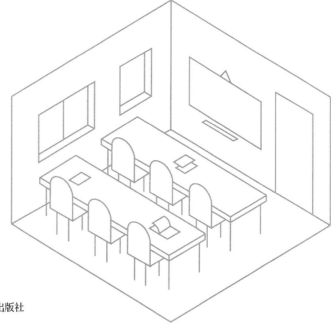

天津社会科学院出版社

图书在版编目（CIP）数据

立责行旅：以班级文化建设为载体的德育实践研究 /
刘福颖，刘巍，白倩倩编著 .--天津：天津社会科学院
出版社，2021.6
ISBN 978-7-5563-0729-6

Ⅰ.①立…　Ⅱ.①刘…　②刘…　③白…　Ⅲ.①中学—
班级—学校管理②德育—教学研究—中学　Ⅳ.
①G632.421②G631

中国版本图书馆 CIP 数据核字（2021）第 093792 号

立责行旅：以班级文化建设为载体的德育实践研究
LI ZE XINGLV：YI BANJI WENHUA JIANSHE WEI ZAITI DE
DEYU SHIJIAN YANJIU

出 版 发 行	天津社会科学院出版社
地　　　址	天津市南开区迎水道 7 号
邮　　　编	300191
电话 /传真	（022）23360165（总编室）
	（022）23075303（发行科）
网　　　址	www. tass-tj. org. cn
印　　　刷	北京建宏印刷有限公司

开　　　本	880×1230 毫米　1/32
印　　　张	8.5
字　　　数	200 千字
版　　　次	2021 年 6 月第 1 版　2021 年 6 月第 1 次印刷
定　　　价	68.00 元

序 言

　　"班级文化建设"是在新的教育形式下,在新的教育理念的指导下孕育而生的。天津市东堤头中学积极寻找适合学校发展的教育方式,确立了以班级文化建设为抓手的德育实践模式,取得了良好的教育效果。

一、推行班级文化建设的缘由

(一)基于对教育现状与发展方向的思考

　　应试教育已持续多年,在应试教育的影响下,教师更多的是关注方法、技能、成绩,对学生的精神空间、内心需求、教养水平重视程度不足。为践行社会主义核心价值观,落实立德树人根本任务,强调学生的社会责任感、创新精神和实践能力,促进学生全面发展,使之成为中国特色社会主义合格建设者,作为教育主阵地的学校,"如何立德树人"是必须要面对和思考的问题。这就要求基层学校要不断创新德育形式,丰富德育内容,提高德育工作的吸引力和感染力,增强德育工作的针对性与实效性。

(二)基于对学校办学现实的思考

　　在"减负高效大潮"到来之际,如何进一步提高学校的办学质量与效益?我们向师资、向课堂、向课程、向管理要质量,这里的管理不仅包含学校管理,更包括班集体的建设。班级文化建设可以为班主任提供一个实施班级管理的路径,让零散的管理思路与方法系统化,优化班级管理的效果,提升班级管理的效率,实现低负高效的目标。

(三)基于对提升班主任职业素养的思考

素养决定高度,方法决定成效,每所学校都在不断地提升教师的专业素养。在班级文化建设的实施过程中,打破了以往班级管理的方式,要求班主任要使自己的班级管理富有灵性与智慧,强调要使用动态的管理方式,班主任要不断学习、不断思考、不断实践、不断反思、不断完善,才能完成班级管理的任务。在这个过程中,通过顶层设计、优秀项目推动、班级文化宣讲、设置班级课程等活动能够达到交流、展示、学习、提高的目的,给班主任专业培训提供一个有力的抓手,给班主任的个性成长搭建一个广阔的平台。

(四)基于对传统班级管理的思考

学生不敢做"坏事"是因为怕班主任——这是人治;学生不能做"坏事"是因为没有机会——这是法治;学生不愿做"坏事"是因为不想做——这是心治。在传统的班级管理模式下,老师付出很多,但很多老师与学生的关系紧张,为此老师和学生都很苦恼。这是因为传统的班级管理方式是从上到下的,以控制和封闭为向导,以整齐划一为目标,而班级文化建设则是从下往上的,其萌芽于班级内部,以开放为向导,以建设班级学习共同体为目标。当一个班主任给予学生自由的心灵和如明灯般的指引,这便是做到了"心治",班级自然成为学生的精神家园,这是班级文化建设的追求。

基于以上四个方面的思考,天津市东堤头中学从 2011 年起,在全校所有班级中全面推行全新的班级文化建设方式,从而达到以文化人、润物无声的效果。

二、构建"一二三四五"的推动模式

"一"是指确定一个文化主题。确定文化主题首先要满足四个前提:一要依据国家对于学生核心素养的培养目标;二要切合班级实际,有发展空间;三要师生共同研讨;四要对学生具有引领作用。

"二"是指文化主题确定后,师生一起完成两项规划。

首先,围绕文化主题确定班级文化的有效载体,即班训、班级精神、班徽、班歌、班名、班旗、班诗,等等。这些班级文化的有效载体一定要由师生共同确定,以体现师生的共同信念。

其次,分解文化主题,规划核心文化主题的顶层设计,然后将其分为三个阶段、六个项目和多个班级课程。即师生一起做出班级三年的发展规划。顶层设计,即运用系统论的方法,从全局对班级建设尤其是班级文化建设的各方面、各层次、各要素进行统筹规划,在最高层次上寻求问题的解决之道。三个阶段为七年级、八年级、九年级。每一个阶段围绕文化主题依据学生身心发展需要确定不同的项目规划。如2014级6班班级文化主题是"榜样的力量",该班级七年级的阶段主题为"规范中前行",八年级的阶段主题为"竖起一面旗帜",九年级的阶段主题为"阳光在前,足迹在后"。最后依据优秀项目设计各类班级课程。学校对于各类班级课程的规划有统一要求,班主任于学期初申报课程项目,在一个学期内通过主题教育活动等有效手段推动课程项目的实施,学期末需对优秀课程项目进行总结,每一位班主任需要在全校宣讲项目的实施过程。各个班级的优秀项目实施过程及经验积累成册,用于下一学期班主任校本培训,真正达到资源共享。

"三"是从三个层面观察班级文化建设状况。即：

美化班级文化的浅层面——班级物质文化（基础）。

开发班级文化的中层面——班级制度文化（保障）。

突出班级文化的深层面——班级精神文化（灵魂）。

"四"是学校推进班级文化建设的四个保障：制度保障、时间保障、范围保障、经济保障。

制度保障：学校规定每一个班级在学期初必须申报相关课程项目，学期末人人都要参与班级文化宣讲活动，全校参与打分，并把班级文化建设的成果与班主任的绩效考核、评优评先挂钩。

时间保障：除常规时间之外，学校规定将每天十分钟的晨讲时间，每周二、周四下午各二十分钟，作为班级主题文化教育时间，这就为各班开展班级文化建设提供了时间保障。

氛围保障：在学校营造班级文化建设的良好氛围，这不仅是德育部门与班主任的事，更是学校每一位管理者、每一位教师和每一位家长、每一位学生的事。校长和普通学生都要参与班级文化建设，任课教师不仅要知晓所教班级的班级文化内容，还要参与班级文化的产生与实施过程，使得学校形成浓厚的班级文化建设氛围，从而推动学校各项工作的顺利开展。

经济保障：为了促进班级文化建设的有效实施，学校先后组织教师赴北京、深圳、香港特别行政区等地学习，为提升班主任对于班级文化建设的积极性，专门配备储存班级材料的移动硬盘，在校内开展班级文化建设的研讨活动，鼓励教师创新班级管理模式，为教师学习发展提供物质与精神支持。

"五"是指在班级文化建设中推动的五个流程——学校引领教师从学、看、听、思、做五个方面进行实践。

学,学习班级文化建设的相关理论与方法;看,其他班级的班级文化建设带来的效果与变化;听,听每位班主任关于班级文化建设的宣讲的内容、听他人对自己班级文化建设的建议与意见;思,结合他人班级文化建设及本班班级文化建设的推动情况,不断思考、改进班级管理的思路和方法;做,每位班主任要结合班级实际,不断推进班级文化建设工作,使得班级朝着健康有序的方向发展。

三、开展班级文化建设取得的成果

班级文化建设实施以来,我们得到两个创新启示,产生了三个变化。

创新启示之一:通过开学初每个班级都要上报本班本学期"班级文化建设的项目实施方案",学期末学校开展优秀项目评选活动,旨在以班级文化建设项目评选为载体,促进班主任思考与实践,同时促进班级主动发展,使班主任由"业余班主任"走向"班主任专业化"。

创新启示之二:班级课程赋予班级文化建设以更深的内涵。班级课程,顾名思义就是指以班为本的课程。目前学校积累研发了多项可学、可用、可操作的班级课程,赋予班级文化建设真正的生命。班级课程是同一个班级学生共同成长的密码,是缔造优秀班集体的核心。

变化之一:基本扭转学生难管、不好教育的不利局面,学生呈现"外显有规、内涵有德、学而有成"的精神风貌。班级文化愿景让班级所有的学生都拥有了精神动力,班级文化标志让大家感受到了家的温馨,班级文化特色让孩子们自信、团结、有爱。

变化之二:班主任迅速成长。学校各班班主任成了名副其实的"智多星",由过去"累、烦、躲"班主任工作变为现在的主动请缨与享受过程。学校班主任先后到天津市北辰区所有初中和部分小学做班级文化建设的展示活动,并为天津市河西区、河北区、西青区、东丽区、武清区、静海区以及内蒙古、唐山、深圳等地多所学校的班主任进行培训。2014年2月8日,学校召开区级班级文化建设研讨会,北辰区所有中小学三百多名干部教师参加活动。学校还代表天津市参加了在山东东营举办的全国教育学会初中专业委员会第十七次年会和在北京举办的全国校长大会,受到高度赞誉。

变化之三:常规工作,创新做、精心做、持续做,取得了出人意料的成绩,吸引了大批学访团体,《中国基础教育杂志》《天津教育报》《中国文明报》《天津教育》《家长教育》等多家新闻媒体报道学校的发展状况。学校社会声誉的扩大,更好地推动学校持续发展,为学校品牌的打造奠定了基础。

班级文化建设是学校文化建设的重要组成部分,其以生动活泼的形式,积极健康的精神,滋润着孩子们的心田,熏陶着孩子们的心灵。积极创建富有个性特点的班级文化,构建师生共同的精神乐园,是我们共同的追求。在班级文化建设过程中,教师周俊军、李娜、赵良珍、李洪莲、赵海萍、宋雅、王佩宁、李多佳、李珊珊、赵汀、丁岚、于昕轶、刘羽、马晓雪、蒋巨星、郭莉娜、李蕊、吕娜、葛庆阳、赵春妹、王娇、王冰川、刘政、刘泽东的具体实践为本书提供了生动的案例,为本书的编写做出了贡献。班级特色文化的建设,是一项系统而宏大的工程,在实施过程中必然存在许多瑕疵与不足,希望各位领导、专家、同仁批评指正。

目　录

第一章
班级文化建设概述

第一节　班级文化建设开展的背景和意义

一、班级文化建设的背景与意义

(一)班级文化建设提出的背景

天津市东堤头中学是北辰区东部的农村实践校,东邻宁河、南接东丽、北与宝坻、武清接壤。学校的学生来自农村,生源素质良莠不齐。为了改变学校教学围绕考试转的现状,我们找到了以班级文化建设来促进社会主义核心价值观教育这样一种方式,扎扎实实地落实对学生的社会主义核心价值观的养成教育,使学生得以高质、轻负、健康地发展,进而做到真正意义上的全面推进素质教育。

班级是学校的细胞,是学校开展教育活动最基本、最稳定的基层组织,也是学生在校进行学习生活的基层集体。一个班级管理的好坏,直接影响着这个班级教育教学质量,也间接影响着班级所在学校的教育教学质量,还影响着社会主义核心价值观教育的落实与发展。因此,在崇尚文化,倡导用良好的文化来浸染、熏陶、教育人的今天,加强班级文化建设的研究,探讨如何通过班级文化建设来践行社会主义核心价值观教育是十分重要的。

(二)班级文化建设研究的意义和价值

1. 班级文化建设研究的意义

班级文化建设的实践研究适应时代发展,符合学校教育特点,可以成为班级文化建设与培育社会主义核心价值观进行的有益尝试与探索。

国务院发布的《关于基础教育改革与发展的决定》指出,要大力加强校园文化建设,优化校园环境,使中小学成为弘扬正气,团结友爱,生动活泼,秩序井然的精神文明基地。要有目的、有计划地建设校园文化,创造出具有凝聚力和约束力的区域文化氛围,进而影响和熏陶学生,促进学生健康成长。因此培育个性化的班级精神,构建个性化的班级文化,形成有自身特色的校园文化,既符合新课程理念下的教育需求,也是学生个体发展的需要。

党的十八大提出培育和践行社会主义核心价值观的根本任务,培育和践行社会主义核心价值观,是中国共产党立足推进中国特色社会主义伟大事业、实现中华民族伟大复兴中国梦的全局做出的重大决策,是凝魂聚气、强基固本的基础工程、战略工程,具有重大的现实意义和深远的历史意义。

2. 班级文化建设研究的价值

(1)理论价值

本研究的理论价值在于进一步研究探索创新人才的核心素养的构成要素,其实践价值在于积极探索深入实施素质教育的有效路径,通过特定学生的价值观培育,进一步探索素质教育的具体培育目标、课程内容和实践体系,促进素质教育实施的具体化、科学化和系统化。

(2)实践价值

学校教育的意义不仅体现在帮助学生发展智力、掌握知识,更应为提高学生的社会意识做出贡献。教育的价值就在于既要教会学生做学问,也要教会学生做人。当下,我国学校德育的一个重要作用就是用社会主义核心价值观对学生进行正确的引导,把他们培养成合格的社会主义建设者和接班人。社会主义核心价值观是我国建设现代化社会必须秉持的价值理念,我国学校德育工作应将其作为指导思想,落实到学校的具体活动中去,利用社会主义核心价值观的权威性来引导学生健康成长。

(3)推广价值

当前学校建设班级文化的方式较为成熟,但对于社会主义核心价值观的培养则相对有所欠缺,本实践研究的目的之一就是形成较为合理的、有一定可操作性的、利用班级文化建设来培育学生社会主义核心价值观的策略,并形成系统,进而逐步向外推广,为德育教育改革提供理论依据和实践帮助。

二、文献综述

早在 20 世纪 30 年代,部分西方学者开始关注学校教育中的校园文化,并从社会学的角度对校园文化的功能、影响进行了剖析。其中最早开展校园文化研究的是美国社会学家沃勒。他在《教学社会学》一书中将学校文化分为以教师为代表的成人文化和以学生为代表的青年文化,并首次提出了师生关系和学校生活对整个班级产生的影响。英国学者哈维・格里夫从社会阶层和学校组织结构两个角度对校园文化进行了研究,并将校园文化划分为阶层亚文化和学生亚文化。通过研究发现,班级学习成绩越优秀就越容易形成学校和教师认同的学生亚文化,班级学生学习成绩越差就越容易形成与学校和教师对抗的学生亚文化。

基辛在其著作《文化、社会、个人》中从社会学的角度论述了文化(特别是群体文化)对于人的影响。基辛通过形象生动的举例说明了一个人不同的生长环境和社会环境及不同的知识程度对其认识事物的角度和深度及行为方式的影响,并指出这一影响是潜移默化并且深远持久的。基辛的论述虽然是从社会学的角度出发,但是他的研究结论即环境和群体文化会对人产生深刻影响的现象在教育过程中被证明是确实存在的。

从社会学角度出发对班级文化进行群体研究的还有日本教育家片冈德雄和美国教育家施穆克。片冈德雄在其著作《班级社会学》中将班级分为学生客观所在的"所属群体"和主观期待归属的"参照群体",通过对不同群体内师生的互动交往情况和人际关系的分析,他将"所属群体"班级的文化氛围归纳为防卫型,"参照群体"班级内的文化氛围归纳为支持型。片冈德雄认为通过班级师生的互动交流和相互影响,能促进学生在班集体中找到自己的位置,提升集体归属感和荣誉感,帮助班级组织从"所属群体"向"参照群体"转化。片冈德雄的研究从班级人际交往、师生互动的角度论证了班级文化氛围对学生的影响,使得班级文化的研究从班级外部环境的角度转入到班级群体内部的角度,为教师开展班级文化建设提供了新的视角。

国内目前对于班级文化建设与社会主义核心价值观教育的关系的研究很少。国内外研究者主要对价值观的角度进行研究,从价值观的功能看,多数研究者认为价值观对行为具有导向作用。价值观是人们对事物有无价值和价值大小的认识及评价标准,是处理价值问题的观点、态度、立场的总和。社会主义核心价值观强调爱国主义、集体主义,目的是形成全民族奋发向上的精神力量和团结和睦的精神纽带。

三、班级文化建设的概念界定

(一)班级文化

班级文化是教师与学生在班级互动的过程中所形成的,为班级成员所共享的价值、规范、态度、信念与生活方式,是一个班级内在素质和外在形象的集中表现。其一般包括班级形象、班级精神、班级凝聚力、班级目标、班级制度、团队意识及班级文化活动等,其核心是班级精神和价值取向。

班级文化具有一种无形的教育力量。班级文化作为一种环境教育力量,对学生的健康成长有着巨大的影响。在一个具有浓厚文化氛围的班级中,全体学生会自发地形成一股浓郁的和谐之风,在这样的集体中,学生能融洽地与同学相处,与老师交流,友好地进行合作,彼此互相帮助,共同进步。

(二)班级文化建设

班级文化建设是指班级成员利用和创设文化环境、文化制度、文化关系等来熏陶和培育集体成员创造性人格的一系列活动,是班级成员在多种文化相互作用、发展过程中创造的一种比较稳定的、有利于发展的文化的过程。我们应以个性化的班规、班歌、班名、班级活动等为载体,尊重学生的主体地位,让学生主动参与,创设自我教育环境,激活学生的潜能,启动学生持久的教育内需,培育学生良好的人文素养、思想道德修养和自主创新的精神的班级文化。

本研究以班级文化建设为抓手,在普遍重视学生创新精神和实践能力培养的基础上,积极研究和探索以社会主义核心价值观培育为主导,促进创新人才实现社会价值,肩负社会责任。

第二节　班级文化建设开展的过程和成果

一、班级文化建设的特点分析

秉承着"立德树人"的教育宗旨,天津市东堤头中学大力深化班级文化建设,打造"一班一品牌,班班有特色"的校园。

在教学过程中,学校和教师越来越体会到靠文化的力量管理一个班,是班主任教育理论水平和管理能力的表现,也是激发学生自主参与意识、任课教师和家长协同共建积极性的最有效的途径。好的班级文化,能形成班级正能量,对学生起到潜移默化的教育、浸润、凝聚作用;好的班级文化,有助于学生良好习惯的养成、学习兴趣的激发、综合素质的提升;好的班级文化,能促使学生自我教育、自我激励、自主发展;好的班级文化,能减轻班主任的工作压力,使班主任从"大管家"变成学生的精神导师,使小小的教室成为学生施展才能的大舞台。

教室的空间是有限的,而教室的容量是无限的,教室的容量大小取决于班级文化,取决于班主任的思想水平和领导力。因此,我们要把班级文化建设作为"立德树人"的重要抓手,积极构建班级文化课程体系,不断提升德育工作智慧,努力提升班主任的专业水平,精心打造独具特色的班级名片。

二、班级文化在氛围育人中的作用

(一)凝聚精神、美化环境——环境和谐

班级的精神是班级文化的核心和灵魂,其主要指在实践过程中被班级大多数成员认可的共同的文化观念、价值取向、生活信念等意识形态。班级精神是一个班级的本质、个性和精神面貌的集中反映,并具体表现在班风、学风、班集体舆论和班级人际关系等方面。

班级环境是班级建设的"硬件",是一个班级最直观的外在表现形式,是一个班级精神面貌的具体反映。学生桌椅排列整齐,书桌内各种学习用品摆放工整,一盆绿植和一个"鹰击长空"的摆件构成了简单大方的讲台布置。整个班级的布置让人感到温馨,传递出了和谐的正能量。

(二)制度利班、干部理班——制度和谐

无规矩不成方圆。制度是班级文化建设初级阶段的产物,是为了达到"无意识"的境界而采取的一种有意识的手段,其目的是通过制度强化学生形成良好习惯和素质。班级建设始终围绕着"一个中心,两个基本点"进行。"一个中心"就是以班级文化为中心,"两个基本点"就是以班级生本管理模式和班级学生的全面发展为着眼点,目的是培养德智体美劳全面发展的社会主义建设者和接班人。

良好班风的形成离不开教育,同样也离不开严格的管理,"以严导其行",才能巩固已经形成的良好班风。班级公约的形成充分尊重学生的意见,各个班级分组后,分别从纪律、学习、卫生、活动四个方面进行讨论,最终共同制定班级公约。这样产生

的班级制度,学生乐于遵守和执行,有了制度保障,班级的各项工作开展得更加和谐顺利了。

班级建设采取生本管理模式,即依靠学生、尊重学生、凝聚学生和发展生命。无论是班委会的组建还是小组的建设,都按照"公开竞选—职位确定—岗位轮换"这一流程进行,都是在以学生为本的基础上进行的。班委工作各有分工,班委之间互相支持,相互配合,真正担起了班级自主管理的重担。他们能够各司其职地把班级管理得井然有序,班级各项工作得以顺利进行。

(三)活动促进、自主管理——活动和谐

心理学研究表明,一个集体若没有丰富的集体活动,必然会死气沉沉、缺乏活力,这将影响班集体的健康发展。因此,开展丰富多彩的班级活动,展示学生的个性才华,促进学生的全面发展,就成为学校打造自主管理和谐班集体的出发点和归宿。

"随风潜入夜,润物细无声。"班级管理需要文化支撑,我们应以文化为出发点实施班级管理,用文化的理念统领班级工作,用文化的氛围来熏陶学生,用文化的互动来影响学生,良好的班级文化必将使学生养成良好的文化素养,实现学生素质全面提高的同时,一个自主管理的和谐班集体会应运而生。

三、利用班级文化建设培育学生社会主义核心价值观的策略

学生的言行很容易受到周围环境和人物的影响。班级文化中蕴含的班级共同目标和集体价值取向是以社会主义核心价值观为基础的,其必然会为学生的思想和行为引导正确的方向。在班级文化建设活动特别是班级制度规范的制定中,学生通过观察和学习来了解什么是正确的,什么是错误的,在实践中用自己的言行来表达自己的态度,并通过他人和集体的评价得到反

馈。学生总是会根据班级大多数人的评判标准和行为习惯来评判自己的言行,并不断自我改善达到让自己的行为符合大众的标准。通过正确的集体舆论和班规班约等对学生的言行举止进行规范制约,能够帮助学生不断完善自己。

策略一:提高教师和学生对班级文化建设的认识,增强培育社会主义核心价值观建设的主动性、积极性和创造性。

用班级文化建设培育社会主义核心价值观是一项完整的系统工程,需要实实在在的实践与探究。建设高水平的现代化中学,必须加强班级文化建设;建设完善的班级文化,不仅要在理论上清醒,更要在行动上自觉,在实践中持之以恒。首先,要优化学校各种看得见、摸得着的物质形态,赋予环境文化色彩和育人功能;其次,要着力塑造班级文化的灵魂,树立积极向上的班级精神;第三,要努力创设开放、灵活的班级文化环境,通过丰富多彩的活动,发展学生个性,陶冶学生道德情操,增强班级文化的凝聚力和影响力。物质文化是班级文化存在的基础,制度文化是班级文化形成的保证,精神文化是班级文化建设的核心,丰富多彩的行为文化则是保持校园生机与活力的重要载体。学校管理者应该不断强化文化意识,弘扬人文精神,努力创建既合时代要求、又有自身特色的班级文化。

策略二:加深对班级文化建设和社会主义核心价值观之间关系的认识,找到与社会主义核心价值观相互促进的途径。

构建完善的班级文化体系来促进社会主义核心价值观的培育,不仅需要老师和学生共同认真研究,更需要双方积极参与。只有学校师生共同追求,才能创造出特色,走出新路。教师与学生共同开展的班级文化建设是校园内最生动、最富有活力的文化现象。在活动中,学生的态度、情感和价值观念常常发生明显

的变化,精神文化与物质文化共同作用于人的心灵,会让人感到振奋、激昂。班级文化建设可以实现社会主义核心价值观的培育,这主要表现为提供丰富多彩的物质文化景观,供学生思考、解读和反映。

策略三:班级文化建设活动丰富了培育社会主义核心价值观的形式,与学校的教育教学之间形成有效促进。

在学校的日常教育教学工作中,以丰富多彩的班级文化建设活动形式来促进社会主义核心价值观的培育,可以取得明显的教育成效,尤其是一些班级文化建设活动,更能在培育社会主义核心价值观中起到关键作用。在实践研究中,我们归纳出以下几种常见的对培育社会主义核心价值观有促进作用的班级文化建设活动形式:

(一)特色班级班牌的制定及评比活动

通过自主设计班牌,能够宣扬班级特色,进一步汇聚班级集体精神,增强班级凝聚力。每个班级都有一块具有班级特色的班牌,内容包括班主任寄语、班级奋斗口号和班级照片。班风集中展现在这块小小的班牌上。

班风是班级学生的整体风貌和风气。树立良好的班风,有助于弘扬正气,形成团结奋进和谐的育人氛围。

(二)班级间的朗诵等小型比赛活动

经典诗文等是我国文化的精髓,作为宝贵的精神食粮,其不仅蕴含着崇高的人格美和深刻的智慧美,更凝聚着一个伟大民族不灭的精魂。朗诵比赛等活动是提升未成年人思想道德建设水平的有效形式和载体,对于提升人的境界、丰富人的内涵、开阔人的胸襟、净化人的灵魂、启迪人的智慧有极其重要的作用。为此,学校实践研究组积极组织老师,为七年级、八年级、九年级的学生分别选择适合的经典诗文,每学期都组织班级之间的朗诵比赛。

(三)"国旗下讲话"和宣誓活动

学校在每周一的升旗仪式上,都会安排"国旗下讲话"和宣誓活动。"国旗下讲话"从由教师讲改为由学生讲,这为班级文化建设提供了一个契机。以往教师在国旗下讲话的内容,主要是关于思想教育的道理,学生听了就像是"雾里看花",教育效果一般。而学生自己创作讲话内容,使学生有了一个实践以及自我展现的机会。在具体实践中,教师会提前一个星期在班级征集"国旗下讲话"的讲稿和宣誓的"誓词",然后挑选最优秀的讲稿作者代表班级上台讲话。活动取得了很好的效果。

(四)小记者培训活动

为丰富课余文化生活,提高学生的新闻采访能力及写作能力,学校晨曦文学社组织开展了小记者培训活动。晨曦文学社在年级中招选优秀人才进行集中培训,并开展一系列采访实践活动,活动后进行了总结。同学们在这次活动中丰富了知识,锻炼了能力,为素质教育提升打下了良好的基础。

(五)各种形式的技能比赛活动

为了丰富学生的课外生活,激发学生学习语文的兴趣,提高学生的语文能力,学校文学社联合语文组教师在校内开展了各种形式的技能比赛,如针对交通安全的征文比赛,针对七年级学生的"人生从东中起航"演讲比赛,针对八年级学生的"我爱我家"演讲比赛,等等。学生们在活动中表现出极大的参与热情,青春与自信在这些比赛中得到淋漓尽致的体现。

(六)举办文学讲座等活动

文学是人学,最容易感动学生,适当地进行文学活动,对提高学生的语言感知能力,培养学生高雅的趣味有着积极的作用。学校的振风文学社邀请校内知名语文教师和校外知名作家与学生进行面对面的交流,讲解知识,传授经验,每次活动都会吸引大批文学爱好者参与。

(七)举办手抄报比赛等活动

手抄报可以把班级文化建设的特点鲜明地表现出来,编辑一期手抄报实际上是对学生综合能力的一次高强度的训练。这种训练可以使学生的潜能得到充分的发挥。学校在假期组织学生广泛地收集材料,编辑整理后进一步开展调查研究,最后得出调查结果或研究结论,并以手抄报的形式将结果展现出来。学生在这一过程中丰富了知识,文字处理能力和多媒体综合应用能力得到了显著提升。

(八)小主持人培训

为帮助更多的对播音主持感兴趣的学生能够及时得到正规、系统的语言专业训练,提高学生的普通话水平和语言表达能力,学校晨曦文学社组织开展了小主持人培训活动。活动不仅开拓了学生的文化知识,培育了学生的艺术才能,而且能使学生所学的知识用于实践,同时增强学生的自信,全面提高学生的综合素质,为孩子们的成长打下了良好的基础。

四、班级文化建设活动促进了学生的成长,加深了培育社会主义核心价值观的意义

培育社会主义核心价值观活动是一种"唤醒"人的教育,班级文化建设活动重点是让学生通过活动体验生活,重要的是内容,而不是形式。所以,我们必须用丰富多彩的形式来传递社会主义核心价值观的内容,让学生在体验生活中逐渐察觉、感受、认识、接纳社会主义核心价值观。

因此,在班级文化建设中我们开展了丰富的培育社会主义核心价值观的体验活动。如:收集名人名言、学唱感恩励志歌曲、采编感恩励志故事、观看《感动中国十大人物》节目、搜集"感恩瞬间"图片、走访红军老英雄、做一天父母等。通过多种形式的班级文化建设活动,让社会主义核心价值观浸润学生的心灵。

在教育中要针对不同的对象、不同的时空来设置不同的班级文化建设活动。以感恩教育为例,通过我们的教育,让学生懂得对生活与他人心存感激,学会理解和关爱他人,学会回报父母、朋友、老师、学校和社会。我们要将对学生进行的社会主义核心价值观教育,从语言上落实到行动中去。对此,我们开展了下列活动:"感恩作业",各个班级以学习小组为单位,结合学生的实际情况,设计本班的"感恩作业",如测算自己成长的成本等;调查身边发生的感恩故事,增强学生"孝敬长辈,关心社会"的思想意识,从而以实际行动,尽自己所能帮助他人;开展"感恩"教育主题班会;建立感恩励志服务基地;每周在敬老院服务一次,等等。

班级文化建设活动应是一项可持续的行为或彼此关联的有序活动。班级文化建设活动来源于生活,理应回归生活。班级文化建设的最终目的也是从班级这个小社会走向真正的大社会,因此,班级文化建设活动应当走出校园,走进家庭,走进社会。这样既可以强化社会主义核心价值观的教育效果,也可以检验社会主义核心价值观建设的成效。在以生活为载体的系列化活动中,社会主义核心价值观教育得到了延续和发展,学生把社会主义核心价值观内化于心,显之于行。

五、以班级文化建设活动丰富德育内容,使社会主义核心价值观教育获得良好成效

现代社会是开放的社会,道德教育必须不断丰富德育内容,延伸德育触角,学校、社会、家庭三位一体,形成合力,使德育从校内走到校外,最终取得社会主义核心价值观教育的良好成效。

对学生进行社会主义核心价值观教育最经常、最有效的途径是通过教学和各种活动渗透德育。除了思想品德课要结合学生实际进行教育外,其他学科也承担着对学生进行社会主义核心价值观教育的任务。创造一个清新优美、充满生机的育人环境是学校精神文明建设中最贴近师生、最贴近实际的重要内容。学校重视班级文化环境的建设,是因为其具有耳濡目染、潜移默化的德育功能,可以起到隐性教育的作用。学校努力创建具有个性化和高品位的班级文化,让学生在丰富多彩的、生动活泼的文化环境中接受社会主义核心价值观的熏陶。此外,学校还注重优化班集体的环境。班集体是学生成长的重要园地,是形成班集体意识以及优良品质的直接条件。通过良好的班集体环境的塑造,能够使学生更好地自我拓展,获得能力、个性的充分发展。

生活中有丰富的社会主义核心价值观的教育资源。在社会主义核心价值观的教育过程中,我们充分利用历史人文景观、经济建设成就等资源,组织学生瞻仰革命遗址、游览名胜古迹、开展社会调查,让学生在参加公益劳动和班级文化建设活动中,接受爱国主义、集体主义和社会主义教育,进而培养他们高尚的道德情感、坚强的道德意志和牢固的道德信念,并使学生在实践中知行合一。

六、加强管理手段,建立社会主义核心价值观教育管理机制

加强组织领导,建立健全切实可行的活动制度和管理制度,是加强社会主义核心价值观教育的可靠保证,有利于形成促进学校实施素质教育的机制。对此,学校做了以下三方面的工作。

首先,建立学校社会主义核心价值观教育工作领导小组,把社会主义核心价值观活动作为德育工作的重要内容,每学期结合学校重点工作进行专题研究,制定活动计划,确定本学期开展的主要活动及时间安排,明确负责部门,形成以教务处、团委为主导,学生会、团支部、班委会为主体的班级文化活动网络。

其次,建立活动制度,统筹安排各种兴趣小组,各类社团、协会等开展的班级文化活动,统一确定各年级活动内容和活动时间,并列入学校学期工作,确保内容、时间、地点、教师与学生"五落实"。此外,抓好重点文化活动,如班级文化艺术节、科技节、体育比赛等,以此推动社会主义核心价值观建设。

再次,建立切实可行的检查考评制度,将开展社会主义核心价值观教育活动情况及活动效果等纳入各职能部门及干部、教师的岗位职责,与工作实绩、评选先进挂钩,同时将其与学生的个人操行评定以及德、智、体、美、劳等各项素质指标的测评有机结合,与文明班级、文明学生、优良班集体等评比结合起来,使社会主义核心价值观教育逐步实现制度化、规范化。

目前,通过班级文化建设促进社会主义核心价值观教育越来越受到重视。加强社会主义核心价值观建设,优化学生成长环境是一项系统工程。怎样更好地发挥班级文化的载体功能,多渠道、全方位落实社会主义核心价值观教育,使学生在德、智、体、美、劳诸方面全面发展,为学生终身发展奠定坚实基础,还需

要我们在今后工作中不断探索、不断实践、不断提高。

七、班级文化建设的效果

在开展以班级文化建设培育社会主义核心价值观的研究过程中,学校在教育教学方面取得了长足的进步,学校先后获得天津市中小学行为规范示范校、天津市教育系统思想政治工作先进集体、天津市师德建设先进单位、天津市绿色学校、全国初中质量建设先进单位等多项荣誉。

培育社会主义核心价值观,践行者是一线教师,只有将社会主义核心价值观镌刻于教师心中,才会使之播种于学生成长的每一个阶段。学校构建起了点、线、面、体相结合的以班级文化建设培育社会主义核心价值观的体系,让每一位教师都成为学生健康成长的引路人。

"点"为抓住社会主义核心价值观建设的典型教师。通过挖掘教师的典型事迹,以"东中教师故事"的形式在全校进行宣讲,学校领导讲"我看到了什么、我听到了什么、我感受到了什么",同事讲"我眼中的谁和谁",学生讲"我和老师的故事"。通过"东中教师故事"让每一位教师知道学校弘扬什么、肯定什么,从而找到自己发展的方向。一个个的"点"如同一个个的发光体,点燃自己,照亮别人,使社会主义核心价值观的光芒感染每一个人。

"线"为社会主义核心价值观建设的主线,即"东中精神"。天津市东堤头中学的"东中精神"由"团结协作、奋力拼搏、艰苦奋斗、争创一流"十六个字组成,是学校在多年发展的基础上凝练提出的,是教师文明建设的指南与方向。学校每月评选"弘扬东中精神之星",每学期开展围绕"东中精神"的系列主题活动,让"东中精神"走进年轻教师的内心,并化为践行社会主义核心价值观的实际行动。

"面"为学校的团队建设。学校推行横纵两条线的"棋盘格式"团队管理模式,将每个人都凝聚到团队中,每个团队都有发展目标、管理要求、评价机制。每个人负有不同的责任,互相支持与配合,真正达到"1+1>2"的作用。学校大大小小三十余个团队,形成三十余个独当一方的"面",每一个面都对学校的社会主义核心价值观教育起到支撑作用。

"体"为学校的社会主义核心价值观氛围建设。我们将尊重、公平、民主、大度当作学校氛围形成的必要条件,让老师们感受到他们是学校的主人,学校的发展与他们息息相关,从而能够全身心地教育、引导学生的社会主义核心价值观的形成与发展。

学校开设德、业、行、艺四大类几十门校本课程,构建学生社会主义核心价值观成长的课程体系。

"德课程"包括三个方面:学校德育课程、年级德育课程、班级德育课程。学校针对当前社会状况、学生实际情况,有针对性地开展三类课程的设计与实施。学校多渠道、多导向、多策略地引导学生树立社会主义核心价值观,为国家培养合格的社会主义建设者与接班人。

"业课程"是学校的学科延伸课程。学校以国家课程为基础,深入研究、开发每个学科的延伸课程,如语文学科的延伸课程包括名人大视野、古诗词赏析、流行音乐与作文、朗读者、百家讲坛、名著导读、走进成语世界、小主持人、课本剧等。这些课程不仅能够弥补课堂的不足,而且对于学生综合素养的提升和社会主义核心价值观的形成起到促进作用。

"行课程"指的是学校社会主义核心价值观的实践课程。学校经过精心设计,带领学生走进天津市各大展馆,让学生开阔眼界,增长见识;学校带领学生走进社区,强化学生的责任意识;学校带领学生走进大自然,将意志品质、团队精神、班级文化、学科知识融入活动,让学生感受家乡变化的同时,提升民族自豪感;学校带领学生走进困难家庭和困难地区的学校,让大家在实践中体会社会主义核心价值观的多层次内涵。

"艺课程"指的是学校的艺体教育,学校通过体育和艺术教育使学生们身心健康发展。学校各个年级每周均有三节体育课、两节兴趣课堂,每年举办两次运动会,定期举办各种球类比赛、健康讲座,同时开设国画、泥塑、二胡、古筝等近二十种艺术课程,让学生始终被文明健康的理念与实践包围。

天津市东堤头中学的干部教师以昂扬向上的精神践行着自己的教育理想,大家为"让孩子在家门口就能享受优质教育"的共同目标而拼搏着、努力着、奉献着,每天、每时、每刻都在用实际行动为践行社会主义核心价值观做着自己的贡献。

第三节 基于班级文化建设理念的 "立责"文化的构建

班级文化建设是学校整体建设的一部分,其理念基础是学校整体建设的重要组成部分。天津市东堤头中学的班级文化建设是学校"立责"文化的具体体现,也是学校"立责"文化形成的重要支撑。在大量班级文化建设的基础上,学校形成并完善了具有鲜明学校特色的德育实践体系。

一、"立责"文化的理念内涵

"立责"文化是由学校校训"立德明任,敬业履责"概括而来,是对学校发展整体定位的表述。

究其根源,为国学经典《易经》中的"明象位,立德业"。

所谓"象",即人所处的位置。通俗而言,"明象位"是指人只有了解自己周围的环境,才能够认识到自己的身份和优劣势,从而进一步明晰自身应承担的责任与义务。"立德业"就是指只有审时度势,坚持自己的品德道德,才能克服一切困难,以不变应万变,最终成功建立自己的事业。

"明象位,立德业"的思想与当下人才培养的目标是不谋而合的:人不仅要明确自身的身份责任,同时也要有较高的人生目标。教育的根本目的在于为学生的人生奠基。中学教育必须在点滴中渗透这样的思想——学生应当胸怀天下,拥有高远的志向,但首先必须明确自己学生的身份,承担与之相应的责任与义务,明确言行规范,从最基本的道德规范做起,不断提升个人品德修养,从而在社会中立足。这也是学校提出"立德明任"这一校训的原因所在。

古往今来,许多先贤大家都对"敬业、履责"进行了阐述。宋代理学家朱熹认为,敬业是源自内心的表现:"敬业者,专心致志,以事其业也。"朱熹认为,敬业的人,会专心致志、严肃认真、勤奋努力地对待自己的事业。梁启超在《敬业与乐业》一文中,也专门阐述了敬业的精神。梁启超认为,"敬业"就是"凡做一件事,便忠于一件事,将全副精力集中到这事上头,一点不旁骛"。他曾说:"人生在世,是要天天劳作的。劳作便是功德,不劳作便是罪恶。至于我该做哪一种劳作,全看我的才能何如、境地何如。因自己的才能、境地，做一种劳作做到圆满，便是天地间第一等人。"人因敬业而专注，因专注而感受到许多他人不易感受到的境界与滋味，于是由敬业转为乐业，立脚点又高一层，这便是敬业乐业的精髓之所在。

综上所述，"敬业、履责"一直是备受国人推崇的处世道德。敬业就是用敬畏、敬重的态度对待自己的工作，认真负责、一心一意、精益求精，履责就是认真履行自己的职责。"敬业、履责"的理念对于现代教育而言依然具有重要价值。"敬业、履责"指的就是师生应当立责于心，履责于行，奋发向上、崇德向善，扮演好自己的角色，完成好自己的工作，这是学校提出"敬业履责"这一校训的原因所在。

二、"立责"文化的环境设置

学校通过"立责"环境的构建，使"立责"观念深入人心，实现环境育人的目的。学校整体布局，除了以"责"字命名三个教学楼之外，还以"责"字命名了一亭、四厅、五园，使"立责"思想，无处不在。

一亭：即立责亭，学校前操场的凉亭；四厅：为立责厅、明责厅、养责厅、履责厅；五园：即践责园、行责园、浸责园、倡责园、弘责园。

三、"立责"文化的实践内涵

"责"字有落脚点，才会从理念化为实践。学校的"立责"文化，从学校层面而言，主要追求以下内容的实现：

先进的理念：天津市东堤头中学以"立责文化"为发展主线，让责任通过"内化于心，外寓于事，隐迹于行"的方式，根植于师生内心,化为自觉行动,从而培养出身心健、品行佳、学业优、情趣高、责任强的有为少年。

优秀的师资:学校教师团队素有"铁军"之称。大家不畏难,不服输,形成具有"东中精神、东中情怀、东中智慧"的教师群体。

优质的管理:学校采用精细、负责、高效的"简易管理"理念,关注管理过程的制度化、管理岗位的职责化、管理实务的细节化、管理效果的高效化。学校将公平、公开、公正纳入学校管理体系,使教学管理事务清晰透明,井然有序。

优异的成绩:从2000年至今,学校以全区较差的生源,取得了令人瞩目的辉煌成绩——中考成绩连续多年在天津市北辰区名列前茅。此外,学校在德育、体育、艺术、后勤管理等方面均取得优异成绩。

健康而全面发展的学生:多年来学校不仅重视学生学业的发展与进步,更把"面向全体学生,促进学生全面发展"作为己任。学校形成"立责教育课程体系",为学生未来发展打下坚实的基础。

四、"立责"文化的精神内涵

"责任"是一种精神,一种智慧,一种情怀。天津市东堤头中学的"立责"文化,就是通过多年的打拼,体现在学校教师群体中的精神,我们概括其为"东中情怀""东中精神""东中智慧"。

"东中情怀"是学校教师对学生健康成长、学校健康发展的责任。"东中情怀"一方面指教师对学生的大爱之情。学校生源质量不高,但教师关心学生的成长需求、关爱学生的身心发展状况、关注学生的学业发展与进步。这是让学生能够找回自信、重新奋发向上的一种情怀。另一方面,"东中情怀"指教师对学校的热爱与依恋之情。天津市东堤头中学的教师舍小家、顾大家，珍视学校荣誉，爱惜学校声誉，将自己的发展与学校发展紧密结合在一起，愿意为学校发展竭尽全力。

"东中精神"是由老一辈"东中人"开创、新一辈"东中人"传承与发展，是"东中人"精神风貌与行为的真实写照。"东中精神"由"团结协作、奋力拼搏、艰苦奋斗、争创一流"十六个字组成。"东中精神"的内涵体现的是一种苦干加实干的拼搏精神，是一种明知有难也迎难而上的亮剑精神，是一种团结互助、互相欣赏、合作共赢的契约精神，是一种敢为人先、与时俱进的创新精神。"东中精神"是凝聚师生的"号角"，是推动学校发展的内在动力，是学校由弱到强的精神依托。

"东中智慧"是"东中人"以朴素的责任意识，根据学生的认知基础、认知特点、认知习惯，在教育教学上探寻最适合的教育形式与方法，最大限度地激发学生的学习热情，从而使基础薄弱、水平参差不齐的学生能够重塑自信、提高能力、学会学习，让学生彰显实力、展现魅力的教育智慧。

五、"立责"文化的三级划分

(一)学校担负的责任

社会责任：让农村孩子就近享受优质教育，带动本地区人民群众文化素质、道德修养不断攀升，为本地区发展提供人才、思想、能力、视野的隐性助力。

对教师的责任：帮助教师更新观念，拓宽视野；为教师搭建舞台，寻找契机；帮助教师提升能力，规范言行，对教师的成长负责。

对学生的责任：让每一名学生全面发展、可持续发展。

(二)教师担负的责任

对学生用心,对学校用情,对社会用行,对课堂用智。

(三)学生担负的责任

对自己负责(学习自主、生活自理、珍爱生命),对他人负责(诚实守信、尊重他人、乐于助人),对家庭负责(孝敬父母、主动担当、关爱家人),对集体负责(热爱集体、乐于奉献、维护荣誉),对社会负责(热爱祖国、遵守公德、遵纪守法),对自然负责(热爱自然、保护环境、平衡生态)。

六、"立责"文化之"立责少年"行为标准

(一)高尚的爱国情怀

(二)自信乐观的生活态度

(三)积极的学习状态

(四)良好的行为习惯

(五)广泛的爱好与健康的情趣

(六)独立的思考能力与探究精神

(七)较强的合作意识与合作能力

(八)责任意识与担当精神

(九)强健的体魄,健康的心理

(十)诚信友善的处世态度

七、"立责"文化之"立责教师"行为标准

(一)高尚的思想道德情操

(二)专业的教育教学知识

(三)敬业的精神与负责任的态度

(四)独立的思考能力与批判精神

（五）执着的教育科研精神

（六）广博的知识汲取能力

（七）谦虚友好的合作态度

（八）热情的教育教学姿态

（九）积极的生活态度

（十）善于创新的思维意识

八、"立责"文化的养成途径

责任教育的养成途径：内化于心，外寓于事，隐迹于行。

内化于心：学校、教师、学生明晓自身的责任，明白责任的标准，明了行事的规则，明确判断是非的依据。

外寓于事：从个人发展、专业提升、科研能力、工作态度、工作技巧、教育情怀方面培养教师的责任；从对自己、对他人、对家庭、对集体、对社会、对自然等六个角度培养学生的责任。

隐迹于行：将责任课程化、活动化、前瞻化、感受化、过程化，渗透到生活、学习的每一个空间。

九、"立责"文化为主线，系统设计学校德育课程

以理想信念教育为德育内容，培养学生树立为共产主义远大理想和中国特色社会主义共同理想而奋斗的信念和信心的德育课程；以"中华优秀传统文化教育"为德育内容，传承中华民族优良传统的德育课程；以学校校本课程特色为教育内容，培养学生核心素养的德育课程；以心理健康教育为德育内容，培养学生健全的人格、积极的心态和良好的个性心理品质的德育课程；以生态文明教育为德育内容，使学生养成勤俭节约、低碳环保、自觉劳动的生活习惯，形成健康文明生活方式的德育课程。

第二章
班级文化建设的规划

第一节 班级文化建设规划的顶层设计

班级文化建设是一项系统工程,必要的顶层设计可以使未来一段时期内整个班级的活动开展得更加有序,可以使学校的班级文化建设的意图得以更好地体现。因此,在班级文化建设中的初期,要有意识地组织班主任进行顶层设计。这种顶层设计,在学校层面的安排中要融入学校的基本理念,也要有具体的执行步骤和方法,这样才能使班主任在顶层设计时做到心中有理念,脑中有办法。

在具体的班级规划实践中,许多教师结合本班学生特点,将班级文化的规划从顶层设计进行明确,从而实现了在操作层面的设计有顶层的思考、具体的目标、有价值的思索、有具体实施途径的目的。

有了这样一套完整的设计理念之后,再以表格的形式加以明确和固化,班主任对班级文化的顶层设计便做到有章可依、有法可循,整个学校的班级规划形成系列,形成规模,实现了班虽不同,理念却相同;理念虽相同,做法不同的效果。

班级规划的顶层设计要注意以下问题:

班级规划在操作中要以适当的形式介入,要以便于教师与学生理解的方式开展,这样才会更接地气,为后来的活动组织及开展打下良好的基础,更易于教师和学生接受。

班级规划要包括宏观与微观两个方面,既要有总体的、抽象的、概念化的总方针、总目标,也要有具体的、可执行的、涉及班级日常管理的诸多细节与要求。

班级规划要注意"仪式感",一些内容的布置要注意过程的规范与严谨,这样,班级的规划才会在随后的日常学习过程中,引起学生的足够重视,才能使规划的内容,更为顺利地开展与进行。

班级规划的过程中,要适当引导学生参与,适当听取学生的建议,某些内容甚至可以完全由学生来具体确定,教师只起到组织与指导的作用,这样,才更有利用于调动学生参与的积极性与创造性,使班级文化真正融入学生的日常校园生活。

在具体的实践中,以"班级课程"的形式进行具体布置。

第二节　班级文化建设规划的内容要求

有了顶层设计的理念之后,如何指导一线教师规范地开展班级文化规划呢? 在班级文化建设过程中,不同班级富有特色的班级规划是班级文化建设的亮点,同时也是难点。为了使班级文化建设更为规范,也为了使设计更为完整和系统,在实践中,学校提出了以下具体要求,这样就使得不同层次的班主任教师,都可以从容地搭建起富有特色的班级文化体系。要求共有以下八项内容:

一、班级文化的主题名称

二、班级文化的内涵与共同愿景

三、班级文化的理论依据和根源

四、班级文化的植入

(一)班级精神

(二)班训

五、班级文化的名片

(一)班名

(二)班歌

(三)班徽

六、班级文化之制度建设

(一)班级公约形成的过程

(二)班级公约的内容

(三)班委的设置

七、班级文化之物质文化

八、班级文化之课程文化

班级文化的主题名称可以使教师及学生通过最凝练的语言了解本班的文化特色;班级文化的内涵与共同远景,是对这一文化特色加以诠释;班级文化的理论依据和根源,在一定程度上可以确保该班级文化的方向性与科学性;班级文化的植入,可以对本班的班级精神有进一步的明确;班级文化的名片,则以可见、可闻、可唱的形式强化了该理念的落实与践行;班级文化的制度建设,则可以以学生参与的形式使班级的日常管理从传统的教师个人管理向学生的群体管理过渡,使班级建设呈现全新的面貌;班级文化的物质文化和课程文化则可以丰富班级的日常活动,增加班级的向心力和凝聚力。

第三节 班级文化建设规划之课程文化设计范式

一、班级课程的定义

班级课程,顾名思义就是以班为本的课程。班级课程是班级教师以国家的法律法规为依据,结合所在班级的具体特点和条件,充分开发和利用本班的各种课程资源,从而建构的能够满足班级学生发展需求的特色课程。

二、班级课程的功能

建设班级文化,促进学生成长。健康向上的班级文化对学生品德的形成,智力、审美、能力的培养能够起引导、启示、熏陶作用,作用持久稳定。

三、班级课程的目标

班级课程的目标是通过开设班级课程,建设属于本班的班级特色文化。

四、班级课程的价值

班级课程价值包括以下三点:培养班级的认同感和归属感,形成优秀的思想品德;利用心理学技巧,催生健康的德育价值观;重视心理强化,培养健康的德育价值观。

五、班级课程的实施途径

班级课程的实施途径包括活动、教室布置、班风建设、教师言传身教。

综上所述,班级课程是班本课程,是指向教育功能,侧重于隐性教育,致力于文化建设和锻造特色的课程。

六、班级课程设计方案框架

课程主题:	(设计者:)
课程背景	教师根据教育教学中发现的或社会生活中发现的学生存在的问题或成长的需要设置课程。
课程目标	通过课程设置实施能够达到的目的(如学生的变化、班级氛围的改变、社会影响等)。
课程准备	需要准备的理论基础、情感基础、环境准备、教学准备等(如课件、问卷调查、财力及人力支持等)。
课程实施	课程实施可按照时间段进行分解,如月分解表等。课程实施过程可以总体活动流程图的方式进行展示。
课程评价	课程评价类似教学中的课堂测验,但评价时间、评价形式、评价主体多样,如调查问卷评价、成果展示、他人的评价等等。

课程主题：	（设计者： ）
课程总结	课程总结类似教学反思,涵盖的内容包括个人成长体会、学生整体变化、课程实施是否成功、课程目标是否达到,等等。

第四节 班级文化建设规划之精选实例

【范例一】①

一、班级文化主题名称的确定

班级文化的主题名称:葵文化。

班级文化的内涵与共同愿景:每当太阳升起的时候,向日葵都会扬起头,努力吸收阳光。向日葵代表着光明、勇敢和活力。希望学生们能像向日葵一般,不畏艰难、充满活力,积极向阳、追求梦想,脚踏实地、超越自我,亮出青春的色彩。

班级文化的理论依据和根源:梵高的名画《向日葵》。画面中的向日葵千姿百态,充满了积极向上的精神。向日葵是向往光明之花,象征着健康、快乐、活力,追求积极的人生,永远有积极的心态。

---

① 设计者:教师柴燕。

二、班级文化之精神文化

班级精神：自信快乐、自强自立、努力拼搏、超越自我。

班训：我自信、我自强、我拼搏，我超越。

自信、自强是中华民族的传统美德。自信是保证一个人顺利成长的重要心理品质之一，是成功的基础。自强是支持中华民族自立于世界民族之林的一种精神，一种信念，一种境界。作为青年学生，我们必须自信自强，适应日趋激烈的竞争，通过自己的努力，实现梦想，做自己人生的主人。

班级文化的名片：

班名：葵花班。

班歌：《怒放的生命》。

班徽：班徽是一朵徜徉在书海中的向日葵，寓意着班里的每个同学能在书的海洋里学会做人做事，顽强拼搏，争做最好的自己。

三、班级文化之制度文化

（一）班级公约的形成过程

良好班风的形成离不开教育，同样也离不开严格的管理。在《天津市东堤头中学一日生活准则》的基础上，班级各小组讨论建立本组的组规，组员签字通过。结合各小组的组规，根据班级出现的问题，同学们共同商讨，形成班级公约。班级公约条文不多，内容简明具体，具有可操作性，故学生乐于遵守和执行。

（二）班级公约的具体内容

1. 晨读情况

每有一人不认真晨读（包括坐姿不端、说话、做与晨读无关的事、不读书等)扣1分。

2.环境卫生

没有完成当日值日或者值日不合格者扣2分;每小组所在区域有一处纸屑、垃圾扣1分;随地乱扔垃圾扣1分;在不该吃零食的地方吃零食扣1分。

3.考勤方面

迟到每人每次扣1分;无故旷课每人每次扣2分。

4.课堂面貌

课上老师的加分记入小组考评;课堂日志被老师表扬,每人每次加2分;安静、书本整齐、坐姿正的小组一次加5分;课上随便说话、接话茬、趴桌上睡觉、做与本节课无关的事、不按照老师要求认真学习,每人每次扣2分(包括自主教育课);一周内小组成员没有课堂违纪行为的加4分。

5.作业方面

每位小组长最迟在早上7:15之前将作业以小组为单位交由各科课代表,并将作业名单一起上报课代表;各科课代表最迟在7:20之前将作业送到各科老师办公室。不交作业者每一人次扣2分;第一节课下课后若整个小组作业未按时交给课代表,则该小组扣5分。

6.每日两操

每人每次不认真做操或者跑步掉队扣1分;每人每次大课间活动不参与活动者扣1分。

7.文明礼仪

说脏话,发现一人一次扣1分;欺负同学,发现一人一次扣1分;课间打逗,发现一人一次扣2分;打架,发现一人一次扣4分;顶撞老师、不服从管教,每人每次扣3分;主动给班级做贡献,提升班级形象,每人每次加 2~5 分;给班级形象抹黑,扣除班级考评者,每人每次扣 2~5 分。

8.学习方面

月考、期中考试、期末考试中进步较大者每人次加 5 分;月考、期中考试、期末考试小组内所有成员都有进步的加 10 分。

以上所有个人考评均和小组考评挂钩。

(三)班级管理岗位

班长:全面负责班级管理工作,班主任不在时,代行班主任的责权。定期召开班委会(双周),进行仪表检查(每周),负责晨讲记录工作、班费的管理及自主教育课纪律等。

卫生委员:全面监督、管理组长的工作,班级卫生、财产的第一负责人,督促平时卫生及保洁、大扫除,对卫生的质量负全部责任。

宣传委员:全面负责班级板报、德育手抄报及班级文化墙的布置与更新,主题班会的主题书写及学校组织的演讲、歌唱等比赛的班内选拔工作。

学习委员:负责教学日志的填写(教务),督促课代表开展相关工作,考核评定课代表的工作情况,课代表不在时及时接替其工作。

体育委员:全面负责体育课、大课间、升旗、集会等的整队,保管班级的体育活动用品,负责各类体育比赛的报名工作。

四、班级文化之物质文化

(一)室内文化墙

教室布置主要分为四个板块。第一板块是学生平日优秀学习作品的展示栏;第二板块是文化主墙,主题为播种希望,主要展示学生成长过程的点滴;第三板块主题为静待绽放,主要记录班级小组合作的评比结果;第四板块主题为我们的收获,主要展示每学期班级学生成长收获的结果。

(二)文化长廊

以葵花班的班训,班级精神为主要内容,彰显班级文化内涵,歌颂班级精神。

(三)其他

学生假期在家劳动和假期走进名校等活动。

五、班级文化之项目课程文化

(一)项目名称

养成习惯,亮青春之美之建章立制改毛病。

(二)项目申报依据

人生的道路很漫长,但关键的只有几步。每一个人都应该有勇气对自己说:"放飞青春理想,我相信我自己,我要成为我自己!"为了孩子们能坚实地走好初中生活的第一步,脚踏实地、勤奋刻苦,让自己变得更优秀,教师在班级文化建设中开展了以"葵文化"为核心的班级课程。

(三)项目实施过程

课程一——阳光自信课程。

高尔基指出:"只有满怀信心的人,才能在任何地方都把自己沉浸在生活中,并实现自己的理想。"自信心可以使人藐视困难,集中全部智慧和精力去迎接各种挑战。通过阳光自信课程,孩子们能够迅速适应新的环境,树立自信心,开始初中新的生活。

阳光自信课程由三个小活动构成。活动一,开学给予希望,寻找自信。活动二,特色小组宣讲,展示个人风采。活动三,班级红歌合唱,唱出青春自信。

课程二——勇敢自强课程。

作为一个积极上进的青少年,一定要自强自立,自己的事情自己做,不依赖父母,学会独立思考问题,独立解决问题。勇敢自强课程包含两个小活动:活动一,赛场拼搏。活动二,自己动手,装扮教室。通过勇敢自强课程,孩子们能够像向日葵般,只要在有阳光的地方,都能茁壮成长,不畏惧艰难险阻。

课程三——向日追逐课程。

成功的快乐和收获的满足,不在奋斗的终点,而在拼搏的过程。向日追逐课程包括三个小活动:活动一,惜时读书,吸取养分;活动二,自制书签,助兴阅读;活动三,自我管理,锻炼能力。通过向日追逐课程,孩子能像向日葵般,满怀积极向上的心态。

课程四——感恩励志课程。

康德曾说:"世上只有两种东西令我感动,一个是璀璨的星空,另一个是人世间至高无上的品德。"感恩是一种美德,更是一种生活态度。在竞争激烈的现代社会,只有具备美好的品德,学会感恩,才能拥有美好的人生。感恩励志课程由三个小活动构成:活动一,感恩节活动之感谢有你;活动二圣诞节活动之感谢父母;活动三心存感恩,回报社会。通过感恩励志课程,让学生懂得感恩意识是一种责任意识、自立意识、自尊意识和健全人格的体现。

(四)项目实施效果

通过一学期的班级组建和各项活动的开展,班级整体秩序稳定,学生能按照《中学生守则》的要求,约束自己的言行。

【范例二】①

一、班级文化主题名称的确定

班级文化的主题名称:雄鹰翱翔。

班级文化的内涵与共同愿景:雄鹰是一种精神的象征,在雄鹰身上具备着多种优秀的品质——过人的胆识、锐利的目光、坚定的信念和对目标的执着,这些都是学生所应具备的品质。在雄鹰班的建设过程中,学生们从对雄鹰精神了解、熟悉到继承、发扬。

班级文化的理论依据和根源:雄鹰在蓝天上飞翔,傲视着大地,自由伸展翅膀。雄鹰代表高贵,代表力量,是强者的象征。雄鹰提示着我们成功源自锐利的目光、定的信念和对目标的执着,永不停止奋斗的脚步。

二、班级文化之精神文化

班级精神:Believe in yourself and you will soar on wings like eagles.(自信,阳光,充满力量,在天空中展翅翱翔。)

班训:自强不息,永不言弃。

班级文化的名片:

班名:雄鹰翱翔班。

班歌:《飞得更高》。

班级博客:www.13821891309.sina.com

---

① 设计者:教师李洪莲。

三、班级文化之制度文化

(一)班级公约的形成过程

首先,班主任带领全体学生学习校内各项规章制度。其次,向学生说明制定班级公约的重要性。班级公约的制定是为了保证班级良好秩序的形成,稳定的班级秩序是一切班级活动开展的前提。再次,通过 PPT(演示文稿)向学生展示其他班级的班级公约内容,为接下来制定班级公约做好铺垫,帮助学生找准方向。然后,与学生共同将班级公约内容分为十部分,并分别制定主题。最后,班级学生对公约是否通过进行举手表决。

(二)班级公约的具体内容

1.晨读前秩序

(1)同学们每天到校后无特殊情况一律坐在自己的座位上安静学习或读书(值日生除外),如有特殊情况(去厕所、食堂、问问题)需要与班长说明。

(2)课代表以小组为单位收取作业,并于晨读前及时上交作业,将作业上交情况及时做好记录,记录一式两份,分别交予任课教师及值勤同学。

2.晨读秩序

每天放学后课代表将第二天晨读内容写在黑板上,并于第二天及时组织晨读;晨读铃响后每个同学在座位上开始晨读,铃响后不在座位上的同学扣 2 分;不做与晨读内容无关的事情(喝水、写作业等),如有违背扣 2 分,坐姿不标准扣 3 分;值勤同学巡视全班,对晨读情况做好记录。

3."两分钟铃"秩序

"两分钟铃"响后,做到"快、静、齐",学生将课本统一放在课桌的右上角,安静等待老师上课;不允许随意说话、小声议论,否则每次扣 2 分。

4. 课间秩序

课间教室保持安静,可以讨论问题,但不能影响其他同学学习或休息,课间追赶打闹、起哄、大声喊叫、影响他人学习的每次扣 3 分;无特殊情况随意走动的每次扣 1 分;鼓励学生在课间找老师问题,表现突出者加 1 分。

5. 午休秩序

每天按照学校统一时间开始午休,值勤同学在教室前对班级午休情况进行记录,午休时间开展自主学习,学生可根据自己的实际情况开展学习,并保持安静。

午休期间无故喧哗、影响他人学习,每次扣 2 分;无故离开座位每次扣 2 分;午休期间如有问题离开座位或去教师办公室,需要和班长说明。

6. 自习课秩序

班长在教室前对班级情况进行记录,自习课期间开展自主学习,学生可根据自己的实际情况开展学习,并保持安静。

自习课期间无故喧哗、影响他人学习,每次扣 2 分,无故离开座位,每次扣 2 分;自习课期间如有问题离开座位或去教师办公室,需要和值勤同学或班长说明。

7. 作业要求

按时按量按质完成各科作业,少交一次扣 2 分;独立完成作业,抄袭他人作业,当天考评分扣 10 分。

8. 上课秩序

上课迟到者每次扣 1 分;上课顶撞老师,当天考评分扣 10 分;课堂日志中被老师批评,每次扣 2 分,被老师表扬,每次加

3分。

9.大课间及体育课秩序

按时参加大课间活动,迟到一次扣1分,缺勤一次扣1分;体育课迟到每次扣1分;体育课老师批评扣2分,表扬加3分。

10.食堂用餐与卫生

大扫除无故缺勤,每次扣2分;破坏教室或校园环境卫生,随地乱扔纸屑,违者每次扣1分;每天卫生检查被评为"差"的小组,扣该组成员各1分,并罚重扫一次;教室用餐保持秩序,大声喧哗者扣1分。

备注:课上被任课教师轰出教室,当天考评分全部扣除。仪容仪表需符合要求,检查不符合标准,扣当天一半考评分。每位同学必须按时到校,不得迟到,迟到一次扣1分。参加学校比赛并取得名次的学生,每次加3分。大课间活动及室外体育课由体育委员负责记录。

(三)班级管理岗位

班长:班级整体工作布置,每日班级活动的安排与督促,协助班主任做好班级的管理工作,在此基础之上,根据班级实际情况,及时反馈班级问题并能够制订有效的班级管理方案。

宣传委员:负责班级各项文艺活动的组织与开展,班级板报及宣传文化墙的设计与及时更换,对于班级文化建设提出有建设性的建议与指导。

学习委员:负责班级各项学习活动的组织与开展,及时与班级课代表沟通,督促课代表有效协助各科教师完成工作,定期与班级学习小组长沟通,安排统一活动。

生活委员:负责班级整体卫生工作的安排与布置,做好每日班级卫生的检查工作,保证班级良好的卫生环境,为班级特色环境进行设计与布置。

学习小组组长:开展好小组内的统一学习活动,认真收发作业,及时反馈小组内的相关情况。

卫生小组组长:协助班级生活委员做好班级的卫生工作,督促组内成员做好值日。

四、班级文化之物质文化

(一)室内文化墙

班级室内文化墙的主题为雄鹰翱翔,班级小队文化展示部分充分展示了各小组的风采与特色。班级好人好事在红人榜上进行表彰与展示。

(二)文化长廊

班级文化长廊中包括班级活动照片及学生作品展。班级活动照片记录了学生们的成长与变化,为我们留下了美好的回忆。班级学生作品展使学生们的特长得以充分展示。

五、班级文化之项目课程文化

(一)项目名称

雄鹰精神建构。

(二)项目申报依据

刚刚走进初中的新生如同一张白纸,需要老师引导,赋予其不同的颜色。无论是班级发展还是学生成长都需要精神的引领。雄鹰正是一种精神的象征,过人的胆识,永不放弃的信念,正是大家所需要的。

(三)项目实施过程

生命在于运动,教育在于活动。班级项目的建设主要以活动为依托,围绕班级文化主题设置不同类型并能从学生实际出发的活动,寓教于乐,学生在活动的过程中,能够体验、了解,实现项目实施的目的。班级围绕雄鹰精神所带给人们的启示,分别制定月主题,围绕月主题开展相关活动。

(四)项目实施效果

项目的实施以活动为载体,让学生在参与的过程中达到教育目的。通过项目的实施,学生从抛弃旧毛病、养成新习惯到坚定信念、不抛弃,不放弃,逐步养成了良好的习惯。

【范例三】①

一、班级文化主题名称的确定

班级文化的主题名称:"XIAO"文化。

班级文化的内涵与共同愿景:"XIAO"文化有三方面内容,即:笑——积极、乐观、自信,微笑面对困难,勇敢解决问题;孝——孝顺父母,常怀感恩之心;效——学习生活讲求实效,追求高效。"XIAO"文化要培养的是开朗、阳光、积极、乐观、自信、感恩、有责任感、做事会思考、懂效率的人。

班级文化的理论依据和根源:当前学生身上存在这样一些问题:自我,凡是以自我为中心,漠视他人;脆弱,做事容易三分钟热度;时间观念弱,实效意识弱,有时做事不求结果。这些问题直接制约了学生们的发展,为了解决这些问题,教师提出了

---

① 设计者:教师吕娜。

"XIAO"文化。

二、班级文化之精神文化

班级精神:抬头做事,低头做人——做人堂堂正正,学习踏踏实实,做事快快乐乐。

班训:团结、坚持、主动、乐学。

文化的名片:

班名:乐学七二。

班歌:《奔跑》。

班徽:班徽设计包含了班训,时刻提醒我们要培养乐观品质,要提升自我知识储备,做学习生活的有心人。

三、班级文化之制度文化

(一)班级公约的形成过程

班级公约的形成经历了两个阶段,第一个阶段是小组讨论、整合,制定出讨论稿,然后将讨论稿下发给每一位同学及家长,广泛听取意见,再根据班级状况进行整理,由此制定了班级公约。在学期中,师生会对公约进行微调,将小组组规与班级公约相结合,互相补充、完善。

(二)班级公约的具体内容

1.纪律方面

(1)每天早上 7:30 进班,中午 12:10 或 12:30 进班。每迟到一次扣 2 分,旷课一次扣 5 分,请病假、事假必须由父母给老师打电话,否则按旷课处理。

(2)晨读不读、不认真读、随意离开座位或者扰乱晨读秩序者以及不服从班干部管理者每次扣 2 分。

（3）上课坐姿不端正，书本准备不齐扣2分；上课时不专心听讲，私下做与课堂无关的事，如：随意说话、接话茬、离开座位、吃东西、喝水、看课外书、写其他科作业等扣2分，被记录在课堂日志上受批评的扣10分。

（4）自主课和午休期间，随意说话、离开座位及不服从班干部管理每次扣2分。

（5）课间不打闹、不大声喧哗、不闲聊，"两分钟铃"响后及时回到座位，准备好上课用品，安静坐好等待老师上课，违反上述纪律，每次扣2分。

（6）在校期间一律穿校服，出现一切不符合要求的仪表问题（头发、指甲、书包、运动等），每次扣2分。

（7）不带手机等一切电子产品、零食和饮料进班，发现后没收并扣2分。

（8）放学后立刻回家，出现打架、上网吧、抽烟等问题，一次扣10分。

2.学习和作业方面

（1）不完成作业者每次每科扣5分，作业未写完及作业忘带同等对待。作业迟交者每次扣2分。作业抄袭者每次扣10分，被抄袭者每次扣15分。

（2）各科默写全对的每次加5分，作业优秀者加5分。

（3）周周测单科满分者加5分，95分以上加3分，90分以上加2分。

（4）在月考、期中考试、期末考试中，班级第一名加20分，第二名加15分，第三名加10分。

（5）在月考、期中考试、期末考试中，班级倒数第一名到倒数第五名依次扣分5、4、3、2、1分。

(6)在月考、期中考试、期末考试中,进入普通班前十名者再加 10 分。

(7)在月考、期中考试、期末考试中,进步幅度 30 名~49 名者加 5 分;进步幅度 50 名~99 名者加 10 分;进步 100 名以上者加 20 分;退步 10 名~49 名扣 5 分,退步 50 名~99 名扣 10 分,退步 100 名以上扣 15 分。

(8)课堂日志上受到表扬的加 5 分。

3. 卫生方面

(1)认真按时做好值日工作,每天检查被扣分的小组组员各扣 2 分,组长扣 5 分。

(2)不完成值日的,除了罚做之外,扣 2 分(特殊情况除外)。

(3)破坏班校卫生、打扰值日生值日的,每次扣 2 分。

4. 体育及班级财产方面

(1)体育课、升旗、大课间站队,不能做到快、静、齐的每次扣 2 分。

(2)体育课、升旗、大课间不能以班级为重的,不服从老师及班干部管理者扣 5 分并停体育课两节。

(3)运动会上所有报名者加 2 分,获得名次的,第一名加 10 分,第二名加 8 分,第三名加 6 分,第四名至第六名加 2 分。

(4)班级内所有物品未经准许擅自使用和破坏者每次扣 5 分,并要做相应赔偿。

5. 德育方面

(1)各类奖状(如演讲比赛、板报比赛、手抄报比赛等),每获得一张奖状加 5 分。

(2)班干部、值日组长、课代表、班级小帮手每周分别加分 10 分、5 分、5 分、2 分(班干部及值日组长如果有违纪行为,一律不给加分,并且双倍扣分)。

(三)班级管理岗位

班长:负责班内常规事务管理,协调班委关系,上传下达。

学习委员:组织班内同学进行学习,督促组长发挥作用。

宣传委员:布置班级文化墙,绘制板报及宣讲班级文化。

卫生委员:检查、督促班级卫生工作。

生活委员:负责班级各项费用的收发,添置班级物品。

体育委员:组织班级同学有序站队,体育课前操练。

各科课代表:各科作业的收发,整理材料,督促相关学科的学习。

备注:凡被学校检查发现问题并给班级扣分者,个人双倍扣分。凡不服从班干部管理者每次扣2分。

学生每人基础分为40分,成绩累积到期末,量化成绩优秀者,可参加市级、区级、校级三好学生、文明学生、优秀学生干部、优秀团员、进步生、团员等的评比。

四、班级文化之物质文化

(一)室内文化墙

班级文化墙分为四部分:主墙文化(学生个人的逐梦档案),比比谁优秀(小组月评比),佳作共赏(学生优秀书法作品和优秀作文展),荣誉天地(班级及学生所获得的荣誉)。

(二)文化长廊

文化长廊以班级文化为依托,展现了"XIAO 文化"的不同内涵,激发学生对班级文化的重视。

五、班级文化之项目课程文化

(一)项目名称

快乐践行规范,孝行助我成长。

(二)项目申报依据

项目的设置依据班级同学的实际情况,并与学校月主题相结合。

(三)项目实施过程

项目按月制定主题,并与学校月主题相契合,从不同侧面教育学生。

三月:吾日三省吾身——笑看我得失。

三月份的活动主要有以下四个:"我组规范我制定"——重新明确规范。"我的行为我负责"——总结一周组内成员表现并记入积分卡。"我话我得失"——制定目标。"班内奥斯卡"——表彰最佳团队和进步个人。

四月份:腹有诗书气自华——快乐读书。

四月份的活动主要有以下四个:"好书我来读""好书我介绍""制作精美的读书卡片送给我最感谢的他(她)""互赏美句,传递快乐"。

五月份:舞动青春,从尽孝开始。

五月份的活动主要有以下四个:"我的才艺献给我的父母""我为爸妈点个赞""爸妈给我点个赞""爸爸妈妈,我想对你说"。

六月份:我惜时,我成功。

六月份的活动主要有以下四个:"惜时让我们离成功更进一步""我眼中的他在做什么""我为团队奥斯卡献力量""成功离我并不遥远——考前心理辅导"。

(四)项目实施效果

经过一学期有计划的项目实施,学生们在能力上得到了锻炼,在意识上有了提升,大家读书更有主动性,对父母也更加理解,亲子关系亲密了很多,学生在"XIAO"中成长了许多。

【范例四】①

一、班级文化主题名称的确定

班级文化的主题名称:梅语争锋。

班级文化的内涵与共同愿景:千百年来,梅、兰、竹、菊"四君子"凭借其清雅淡泊的品质,成为一种人格品性的文化象征。梅花作为"四君子"之首,具有坚韧不拔、不屈不挠、奋勇当先、自强不息的精神品质。梅语争锋即指班级学生立志在平时的学习和生活中,努力学习梅花不惧风雪、坚韧不拔、奋勇争先、勇于挑战、自强不息的精神品质。

班级文化的理论依据和根源:苏东坡在《晁错论》中曾说:"古之立大事者,不唯有超世人才,亦必有坚忍不拔之志。"当前,许多学生自小在长辈们百般呵护下长大,缺乏在艰苦环境中磨炼意志的机会,经常出现怕苦、怕累、意志力薄弱的问题。为了磨炼学生们的意志,使其树立"坚忍不拔之志",教师便将"梅语争锋"作为班级文化主题。

---

① 设计者:教师靳庆森。

二、班级文化之精神文化

班级精神：勇于挑战，勇争第一。

班训：和谐竞争，互助超越。

班级文化的名片：

班名：君子班。

班歌：《我的骄傲》。

班徽：整个班徽由红、黄、蓝、黑四种颜色组成，红色代表热情、活泼，黄色代表聪明、乐观，蓝色代表诚实、稳重，黑色代表高雅、超凡脱俗。整个班徽的图案由圆形、数字7、英文字母 V 和梅花的花枝组成。圆形代表太阳，数字7代表七班，英文字母 V 代表胜利，梅花花枝"一"代表七班勇争第一。

三、班级文化之制度文化

(一)班级公约的形成过程

心理测试表明，共同参与制定的决策、制度，最易于让参与者执行。班级公约的形成历经了学习、讨论、总结、修改、定稿等几个环节，每一个学生在班级公约形成各个环节都畅所欲言，充分发挥了大家的治班热情。最终形成的班级公约"我自主·我合作·我成长"，从管理、学习、合作、成绩、活动和否决六个方面对班级的各项工作进行了规定。这样产生的班级公约，符合大家的心理需求，内容简明具体，具有可操作性，所以大家也乐于遵守和执行，有了制度保障，班级各项工作开展得更加顺利了。

(二)班级公约的具体内容

1.管理类

要求：课前"两分钟铃"保持安静；按时、保质、保量完成卫生;书桌内物品摆放整齐,桌罩干净整洁;不吃零食,不喝饮料;发型、仪表、着装符合学校要求;午休、自主教育课遵守纪律,课间文明休息,不说话,不喧哗;不把手机等电子产品带到学校。

评价:每个小组每月基础考评分为 30 分,违反以上规定个人扣 2 分,小组扣 3 分;凡是被学校查出不合格的行为表现实行一票否决制。

2. 学习类

要求:上课认真听讲,不说与课堂内容无关的话题,不走神;作业按时、保质、保量完成,不遗漏,不抄袭;默写作业认真完成,提前准备,不合格及时、主动找老师补上。

评价:每个小组每月基础考评分为 30 分,违反以上规定个人扣 2 分,小组扣 3 分;凡是被记录在课堂日志上的违纪行为实行一票否决制。

备注:每天按时完成作业的个人会有 1 分的加分,加分同时计入小组;没有按规定完成的,个人扣 2 分,小组扣 3 分。默写一次加 2 分(前提是组内无不合格的同学),加分同时计入小组。组内有不合格的同学,默写全对不加分,不合格个人扣 2 分,小组扣 3 分。

3. 合作类

要求:小组合作学习时,组织有序,全员参与,积极主动,互相研讨,认真探究,气氛热烈,大胆展示。

评价:小组合作学习成果被评为 A、B、C、D 等级,分别加 0.5 分、1 分、1 分、1.5 分。每周会对小组合作学习情况进行统计,排名前六名的小组,每个人和小组分别加 10 分(以课堂日志为主)。

4.成绩类

要求：小组成员之间互相帮助，有问必答，共同进步。

评价：平时周测、每月月考、每个学期的期中考试、期末考试会以成绩的平均分进行排名，班级前六名的小组，每个人和小组会分别得到 35 分、30 分、25 分、20 分、15 分、10 分的加分。

5.活动类

活动分为班级活动、校级活动、区级活动、市级活动四个等级。在不同等级活动中获奖，会得到不同的加分。

班级活动：优胜组加 4 分。

校级活动：一等奖个人加 10 分，小组加 8 分；二等奖个人加 8 分，小组加 6 分；三等奖个人加 6 分，小组加 4 分。

区级活动：一等奖个人加 15 分，小组加 13 分；二等奖个人加 12 分，小组加 10 分；三等奖个人加 9 分，小组加 7 分。

市级活动：一等奖个人加 20 分，小组加 18 分；二等奖个人加 17 分，小组加 15 分；三等奖个人加 14 分，小组加 12 分。

6.否决类

(1)负责记录和结算的人员必须如实登记每周个人积分，如发现组长不如实记载，包庇组员的现象，取消当周考评。

(2)有吸烟、打架现象的小组取消当周及当月考评的资格。

班级公约的评价机制：

小组实行周考评制度，对前六个小组进行表彰。每周考评之后小组积分清零，每月实行月总结、表彰。

小组评价采取晋级制：优胜团队→最佳团队→完美团队→卓越团队。

小组考评会作为评优的依据，最终决定会从学生在德、智、体、美、劳各方面的表现及老师评价等多方面综合考虑。

班级每个月会对课代表、组长、班委等班干部的履职情况进行考核,按要求履职的干部会有 10～15 分的加分。

四、班级文化之物质文化

(一)室内文化墙

室内文化墙共包括梅语争锋、芝兰之室、竹烟波月、熙凤祥菊四个板块。这四个板块的功能分别为:自我超越(小组每月的考评)、自主管理("我自主·我合作·我成长"的班级公约及学生的个人考评)、自主履责(学生在班内的责任岗位和自我展示)、学生不同时期的精彩照片。

(二)文化长廊

梅、兰、竹、菊,清新淡雅的"四君子",诗、书、乐、画,静心诚意的"四友人",班级文化长廊的设置以梅花为主,突出文化品位,彰显文化内涵。

五、班级文化之项目课程文化

(一)项目名称

"遥知不是雪,为有暗香来"——中学生良好习惯的培养。

(二)项目申报依据

"好习惯是开启成功的钥匙,坏习惯则是一扇向失败敞开的门。"孩子良好习惯的养成不光需要自身坚持不懈的努力,也需要周围环境的配合及。只有在一个文明礼仪氛围较好的环境中成长,才能使孩子在潜移默化中变得彬彬有礼,成为一个有修养的人。中学生正处于习惯养成、人格完善的关键时期,引导学生养成良好的习惯非常重要。著名教育家叶圣陶先生说:"什么是教育? 简单一句话,就是培养良好的习惯。"

(三)项目实施过程

1.思想启蒙——主题教育

主题明确、形式生动,集艺术性、知识性、教育性于一体的主题教育,是深受学生喜欢的教育形式,在教育学生和管理班级中发挥着十分重要的作用。主题教育通过创设亲切、平等、宽松的课堂,及时、有效地纠正学生的错误想法和行为偏差,逐步构建努力求知、互相关心、积极向上的班集体,从而形成强大的班级凝聚力。在师生平等、和谐的交流气氛中,教师可以"不为师",学生可以"不为生",师生隔阂顿失,有助于良好师生关系的形成。

针对初一学生学习比较盲目的情况,我们开展了四期的系列主题教育活动,学习秘籍的介绍:针对部分学生心理比较脆弱,情绪容易波动,我们举办了名为"学会调控情绪和挫折成长"主题教育活动;针对部分学生没有明确的人生目标,学习不努力,我们分别开展了名为"拥有积极的学习态度""如何面对人生""成功人士的十七条黄金定律"的主题教育活动。一次次的主题教育活动开阔了学生的眼界,丰富了大家的思想内涵,使学生健康成长。

2.品味书香——我爱阅读

阅读不仅可以使学生开阔视野,增长知识,培养良好的自学能力和阅读能力,还可以进一步巩固学生在课内学到的各种知识,对于提高学生的阅读水平和作文能力有极大的推动作用。此外,阅读对学生道德素质和思想水平的提升也有重大影响。"一本好书可以影响人的一生。"学生需要"多读书、读好书"。

班级在早晨 7:30 开始时长 15 分钟的阅读活动,每个学生拿出自己喜欢的书进行阅读,然后与大家进行交流,共享书韵。

每天每个小组选派一名代表与大家交流,每位代表都选取了自己所读书目的最精彩片段,与同学们进行分享。每月每个学生都要写读书心得,每组筛选出最优秀的作品在班级进行展示。此外,每月每组要制作一份关于读书的手抄报,全班进行评比。沉浸在宁静的阅读世界里,孩子们的心灵得以慰藉和滋润。

3. 字里行间——我爱书写

正确、工整地书写汉字是有效进行书面交流的基本保证,是学生学习语文和其他课程并形成终身学习能力的基础。热爱祖国文字,养成良好的写字习惯,具备熟练的写字技能是现代中国公民应有的素养,因此,当代中学生能正确、工整地书写汉字非常重要。

班级在早晨 7:20 开始时长 10 分钟的书写活动,大家拿出字帖练习写字,每天组长都会对组员所写的字进行评价,每周班内以小组为单位进行写字评比,通过一系列的评比,孩子们练习写字的热情空前高涨。沉浸在"横竖撇捺"的世界里,孩子们体会到了中国汉字的博大精深,也体会到了作为中国人的骄傲。

4. 总结归纳——我爱积累

学生面对堆积如山的试卷、练习题时难免会觉得无从下手,万不能"眉毛胡子一把抓"。实际上,试卷、练习题中对学生最有价值的是做错的题。平时把错题整理到笔记本上,便可以把复习时大量翻阅资料的时间节省下来。错题反映出来的是学生的弱项,往往是导致学生丢分的"隐形杀手",重视、研究错题,就抓住了学习的重点,避免了做无用功。记错题有利于培养学生即时总结反思的好习惯。

班级鼓励学生把当天的随堂练习或测试中出现的错误,及时地记到错题集上。书写要工整,正确答案可以用彩笔书写,以加深印象,错误的答案同时列出,以加强对错误的认识,弄清每道错题的来龙去脉。学生每日一记录,每周一反思,每月一归类。班级选出优秀的错题集让学生传阅,强化示范作用,对学生屡犯的错误,教师要及时提供个别辅导,帮助其追根求源。

(四)项目实施效果

教育家曼恩说:"习惯像一根缆绳,我们每天给它缠上一股新索,要不了多久,它就会变得牢不可破。"通过一个学期项目的实施,班级的班风正、学风浓,很多学生取得了显著进步,这就是我们养成良好习惯的最好回报。

【范例五】①

一、班级文化主题名称的确定

班级文化的主题名称:"SHU"文化

班级文化的内涵与共同愿景:"SHU"文化,意为让学生汲取大树身上的精神,深深地扎根在泥土里,树枝努力地伸向天空,活得坚韧而自由。

除了大树的"树"字之外,"SHU"还能衍生出很多其他汉字,比如读书的"书",学术的"术",数学的"数"以及成熟的"熟"。

班级文化的理论依据和根源:人的生活方式有两种:第一种方式是像草一样活着,你尽管活着,每年还在成长,但是你毕竟是一棵草,你吸收雨露阳光,但是长不大。还有一种方式,是像树一样活着。我们每一个人,都应该像树一样成长,即使我们现在什么都不是,但是只要你有树的种子,即使你被踩到泥土中

---

① 设计者:教师李蕊。

间,依然能够吸收泥土的养分,迅速成长起来。当你长成参天大树以后,在遥远的地方,人们就能看到你;走近你,你就能给人一片绿色。

二、班级文化之精神文化

班级精神:不临绝境,不成大树。

班训:爱班、进取、勤勉、笃行。

爱班:一个班集体是否优秀,主要取决于班集体中的每一员是否树立了"班荣我容,班耻我耻"的意识,如果这个意识牢牢地扎在每一位同学的脑海中,那么集体的强大是指日可待的。

进取:一个人是否优秀,归根结底还是取决于他的思想是否积极进取,如果拥有强大的进取心,那么什么困难都终将克服。

勤勉:要想实现理想,最离不开的就是勤奋,我们需要不断勉励自己奋发向上。

笃行:学有所得,就要努力践行所学的内容,使所学内容最终落实,才算做到"知行合一"。只有目标明确、意志坚定的人,才能真正做到"笃行"

班级文化的名片:

班名:玉树临风班。

班歌:《好大一棵树》。

班徽:班徽是由 Class(班级)这个英文单词的第一个字母 C、数字 2 和班级文化树组成的,这些图案由一个心形圈起来,寓意班级团结一心,向大树一样成长。

三、班级文化之制度文化

(一)班级公约的形成过程

首先,合理分配小组,做到组间同质,组内异质。

其次,教师初步拟定小组评比公约。

再次,利用班会,学生以小组为单位讨论小组评比公约,各组提出建议,在班级内征求意见,形成班级公约。

最后,班级公约在执行过程中及时发现问题,随时进行补充和完善。

(二)班级公约的具体内容

1. 晨读、晨写方面

晨写优异者每人每次加1分,得到学校表扬,每人每次加2分;晨读表现优异者每人每次加1分;每一人不认真晨读、晨写(包括坐姿不端、说话、干与晨读无关的事、不读书等)扣1分。整组得到表扬加4分,整组受到批评减4分。

2. 环境方面

没有完成当日值日或者值日不合格者扣2分;每小组保持所在区域地面干净、桌椅整齐,每有一处纸屑垃圾或者桌椅不齐扣1分;随地乱扔垃圾扣1分;在不该吃零食的地方吃零食扣1分。

3. 考勤方面

迟到每人每次扣1分;旷课每人每次扣3分。

4. 课堂面貌方面

课上回答问题以及检测加分记入小组考评;课堂日志被老师表扬每人每次加1分;课上随便说话、趴桌睡觉、做与本节课无关的事、不按照老师要求认真学习每人每次扣2分(包括自主教育课）；一周内小组成员没有课堂违纪行为的小组加 4 分；整组受到表扬加 4 分，整组受到批评减 4 分。

5. **作业方面**

迟交作业者每人每次扣 1 分；不交作业者每人每次扣 2 分；作业未完成或者不合格者，每人次扣 2 分；有抄作业现象者，抄作业者和提供作业者每人每次扣 3 分；作业优秀得到老师表扬者，每人每次加 2 分。

6. **每日两操**

每人每次不认真做操或者跑步掉队扣 1 分；每人每次大课间活动不参与者扣 1 分；长跑或课间操表现优异的同学加 1 分。

7. **文明礼仪方面**

说脏话，发现一次扣 1 分；欺负同学，发现一次扣 1 分；课间打逗，发现一次扣 2 分；打架，发现一人一次扣 5 分，并取消小组当月参评资格；顶撞老师、不服从管教，每人每次扣 5 分；主动给班级做贡献、提升班级形象，每人每次加 2～5 分；给班级形象抹黑，每人每次扣 2～5 分；有抽烟现象，每人每次扣 5 分，并取消小组当月参评资格。

8. **学习方面**

各科平时小测验及检查组内成员满分或优秀者每人次加 1 分；各科平时小测验及检查组内成员全部满分或者优秀者加 3 分；各科平时小测验及检查组内成员不合格者每人每次扣 1 分；月考、期中考试、期末考试中进步较大者每人次加 2 分；月考、期中考试、期末考试小组内所有成员都有进步的加 10 分；"考试 PK 赛"中获胜小组加 10 分。

9. **其他方面**

代表班级参加学校各类活动，每人次加 2 分，成绩优异者加

4分;对于不良行为敢于批评、抵制者加3分;主动帮助有困难的同学者每人每次加2分;平时测验和考试中作弊者每人每次扣3分。

(三)班级管理岗位

主席:负责班级整体工作,做好老师与同学之间的沟通。

副主席:协助主席完成班级各项工作,记录班级日志,监督"两分钟铃"。

班主任助理:当班主任不在时肩负起班主任的职责,平时及时将班里的各项工作和问题向班主任进行反馈。

组织部部长:组织策划班级、学校的各项活动。

生活部部长:检查监督每日卫生和值日情况;检查每次的大扫除;检查仪表。

宣传部部长:负责每月的板报;监督分配完成每月的手抄报工作;班级室内的布置、文化长廊的布置。

学习部部长:记录每天的德育日志;带动班里的学习氛围,开展有效的学习活动。

纪律部部长:维持班内的日常秩序、记录小组评比成绩。

体育部部长:开展相关活动时整队、维持纪律;负责体育课各种准备活动,统计班内体育成绩。

团支部书记:分配团员站好每日团员岗;组织团日活动;带领团员起到更好的模范带头作用;发展新团员。

各学科课代表:每日收发作业,检查作业;协调好各任课老师与同学之间的关系;想办法提升全班同学本学科的学习成绩。

小组长:每日收发本组作业;管理好自己的组员;带动自己的组员提升小组成绩和个人学习成绩。

四、班级文化之物质文化

（一）室内文化墙

室内文化墙包括"玉树兰芝"和"心灵信箱"两部分。成语玉树芝兰一般用于比喻有出息的子弟。这个板块主要展示学生的一些成果。考虑到青春期的孩子不太会当面和别人交流一些敏感问题，班级设置了心灵信箱，孩子们会把自己平时的一些想法以及对班级管理的建议写下来放进去，教师会定期打开，回复学生的信件。

（二）文化长廊

文化长廊紧紧围绕班级文化建设进行设置，整体以绿色为主，里面张贴了学生们的美术和书法作品。

五、班级文化之项目课程文化

（一）项目名称

落脚点上求平等，于出头处谋自由。

学生们应该像树木一样，教师要使他们尽量向上长，不能勉强大家长得一样高。

（二）项目申报依据

七年级是基础年级，同学们的水平相差无几，大家就像树木一样，根基都是差不多的，若要自由，唯有长得更高。

（三）项目实施过程

第一阶段："城中桃李须臾尽，争似垂杨无限时。"

本阶段共包括三项内容：上学期期末成绩总结表彰；规范日常常规，重新细化小组评比、个人操行评比细则；"要做杨柳一样正直的人"。

第二阶段:"停车坐爱枫林晚,霜叶红于二月花。"

本阶段共包括两项内容:"我以我眼看世界""学习枫树的顽强生命力"。

第三阶段:"时人不识凌云木,直待凌云始道高。"

本阶段共包括两项内容:"关于目光短浅和目光长远的辩论会""学习松树要求少、风险多的精神"。

第四阶段:"若非一番寒彻骨,哪得梅花扑鼻香。"

本阶段共包括两项内容:"主题活动'冬练三九'""期末学习方法指导"。

(四)项目实施效果

通过项目课程,同学们充分领会了大树的精神。同学们在活动中成长,在活动中收获。

第三章
班级文化建设的开展案例

班级文化建设是一项系统工程,其中最能体现班主任整体思路和工作能力的形式便是班会的设计与开展。本章将展示学校部分班主任的班会设计案例,以供参考。

【班会案例一】挑战不可能之为自己加油①

一、班会设计背景

初一新生刚入校,容易出现不适应初中学习的情况。一些学生出现不同程度的缺失学习动力、丧失自信心的状况。本次班会旨在通过两个体验式的活动,让同学们能够从活动中获得一些感悟,从而增强学习动力和学习内驱力,树立自信心,以积极的心态面对学习中的困难。

---

① 设计者:教师刘羽。

二、班会设计思路

本次班会以"一分钟鼓掌"活动进行暖场,一方面活跃气氛,另一方面通过猜想自己鼓掌的次数,让学生在挑战自己的过程中总结感悟。"一分钟鼓掌"活动紧扣提升学习力的主题,为后面的体验活动做了很好的铺垫。

"穿过土豆"是本次班会重要的体验活动。教师通过设问来观察同学们对"普通吸管能否穿过土豆"可能性的判断。学生在不断的尝试中积极找寻办法,思考其规律。最后教师将土豆设定为"学习中的困难",习惯则是"解决困难的利器",引导学生在体验中感悟,理解克服学习困难的规律和方法,从而提升学习动力和信心。

"穿过 A4 纸"活动让学生打破思维定式,增强同学们的自信心,让大家感受到每个人都有巨大的潜能,要积极思考,敢于打破惯性。

三、班会流程

(一)一分钟鼓掌

猜一猜:活动前,让学生预估自己一分钟鼓掌的次数,并在纸上做好记录。

做一做:教师计时,学生鼓掌一分钟,并在纸上写下自己鼓掌的次数。

谈一谈:教师请学生谈谈自己的猜想与实际之间有没有差距,并请身边鼓掌次数多的同学分享经验。

再挑战:学生在纸上记录下自己挑战的鼓掌次数,并与同学们进行分享。

(二)穿过土豆

首先,班主任拿出准备好的土豆和吸管,让学生猜想吸管是否可以穿过土豆、是否可以一次性快速穿过土豆。

然后,给学生 5 分钟的时间进行尝试,并要求学生总结经验。教师在一旁进行指导,关注学生安全。

接下来,各小组依次展示自己的试验结果,班主任请学生分享用吸管穿过土豆活动时的心得体会。

最后,班主任进行小结,将土豆比喻成学习中的困难,吸管比喻为解决困难的办法,结合刚才的分享经验,让学生写下自己感触最深的关键词。班主任联系日常生活中的困难,强调学习的规律和方法,肯定学生,给学生加油。

(三)穿过 A4 纸

班主任请学生上来帮忙进行展示——"如果一支笔想穿过一张 A4 纸,应该怎么办? 如果一个笔袋想穿过一张纸,应该怎么办? 如果在白纸不被撕成两半的情况下,一个人能穿过去吗? 十个人能穿过去吗?"

教师让学生分组讨论 2 分钟,并播放音乐烘托气氛,让学生开始动手尝试,看看哪一个小组创造奇迹,挑战不可能。尝试结束后,让成功的小组进行展示,并分享成功经验。之后,班主任进行总结,鼓励学生换一个角度思考问题,打破惯性思维,积极努力尝试解决问题。

(四)总结升华

教师根据今天的活动情况,进行总结。

【班会案例二】友善校园,快乐你我①

一、活动目的

通过本次班会,让学生懂得与人为善的重要性,并学会做一个受大家欢迎的人。

二、活动过程

(一)暖场

教师导入:"孩子们,老师是第一次来到咱们班开班会,本来心里有些紧张,但是和咱们学校的宋老师联系后,宋老师非常热情、友善,我的心里非常温暖,之前的紧张情绪被缓解了很多。之前听别的老师说过,咱们班是非常优秀的班集体,不论是学习习惯还是课堂表现,都值得老师竖起大拇指。今天,老师想亲眼看看优秀的班集体是什么样子的,咱们把自己最好的一面展现出来,好不好?"

(二)热身活动"快乐握手"

活动规则:每位同学离开自己的位置,去找自己的好朋友;和好朋友快乐握手,然后送给对方一句温暖的话。

游戏过后,教师小结:"同学们,大家刚才握着好朋友的手有什么感受? 其实握手是我们表达友好的一种方式,当我们两只

---

① 设计者:教师李多佳。

手握在一起时,就感受到了对方心里的温暖。如果我们每个人都生活在充满温暖的环境中,就会感到很快乐。今天,咱们就从友善说起(贴板书:友善校园,快乐你我),通过友善,让我们感到更多的快乐!"

(三)体验友善

教师导入:"孩子们,你们想交到更多的朋友吗? 老师这有个小秘诀,能让你感受到友谊的甜蜜。让我们在一段奇妙的旅行中去寻找这个小秘诀吧!"

教师(播放演示文稿,同时对演示文稿进行讲述):"今天气真好,我们结伴来到了郊外,幽静的山谷中,空气清新,泉水清澈,一切都是那么美好! 可是,突然狂风大作,这时我们发现了一个可以藏身的山洞,我们每个人都需要迅速躲进山洞,可是山洞的入口很小,每次只能爬进一个人,同学们,该怎么办呢?"

教师:"我们来进行一个体验游戏,老师手中的瓶子就代表我们可以藏身的山洞,每个铃铛就代表一个人,瓶口每次只能进一个人,同学们讨论一下如何迅速让所有同伴都顺利躲入山洞的方法吧!"

游戏结束后,教师请成功解决问题的小组和全班同学分享经验方法,并总结出互相谦让的可贵品质。

(四)情境体验

教师:"在平时校园生活中遇到的小事,大家会怎么做呢?"

教师请不同的学生一边看演示文稿,一边回答问题。三个问题如下:

"我和小丽在图书馆看书,那本《小约翰》我们都很喜欢,如果是我,我会……"

"体育课下课以后,大家都很口渴,纷纷走向饮水机,如果是我,我会……"

"文艺演出节目预选时,我和小美的舞蹈都有机会入选,可是名额只有一个,如果是我,我会……"

教师引导学生总结出"懂得谦让"的可贵品质:"人生中有很多机会,问题中提到的并不是唯一的机会。学会谦让,你会得到同学们真挚的感谢。其实,谦让也是友善的一方面。"

(五)贴近生活,感受同学间的友善相处

教师:"老师感受到了咱们班级的温暖,可是,再温暖的班集体也会有经历'龙卷风'的时候。前几天,在我们学校就发生了这样一件事,大家一起来看看。"

(教师播放学生发生争执的视频。)

教师:"孩子们,你想对视频中的他或她说些什么呢?不能莽撞,应道歉。其实视频中的男生和女生都有做得不对的地方。其实在我们的生活中,可以用一些'魔法语言'——对不起,没关系,谢谢你,不客气,等等,用上了这些'魔法语言',我们的生活会变得更加美好,我们也会体会到更多的快乐。友善是我们生活中的润滑剂。"

(六)交流分享

教师请学生们思考,友善在校园生活中的表现:"在我们的校园生活中,时时处处都存在着友善。关心、友爱、善良、和睦、宽容、尊重、帮助、亲近、体谅、谦让、理解……这些都是友善的表现。如果我们每个人都有意识地这样做,那么咱们同学间会有更多的快乐!"

(七)我承诺

教师导入:"咱们中国有句古话:'勿以恶小而为之,勿以善小而不为。'无论是国家提出的社会主义核心价值观,还是老百姓们口口相传的社会正能量,都要求咱们做友善的传递者。这节课咱们了解了友善的行为,理解了友善的含义,也感受到了友善的力量,接下来,我们也应该行动起来啦!"

教师请同学们在心形卡纸上写下自己关于友善的承诺。

"我是＿＿＿＿,友善从我做起,在学校,我要＿＿＿＿"

(八)总结

教师总结:"孩子们,希望大家通过此次班会,能够理解友善并不是要做那些轰轰烈烈的事,而是要从自己身边的小事做起。比如一句问候、一份关心、一个谦让的手势……这些都能让我们更好地体会到成长的快乐。让友善伴我们成长!"

【班会案例三】1＋1＞2 的团结①

一、班会设计背景

升入初三后,学生们会进行分班,中考的压力和人际关系的压力同时降临。一个团结温暖的班集体往往会带来正能量,缓解学习压力,提升学习效果。为了帮助同学们尽快适应新环境,明白团结合作力量大,教师设计了本次班会。

二、班会设计思路

本次班会的教育目标是:使学生在活动中认识到团结互助

---

① 设计者:教师丁岚。

的重要性;使学生在活动中学会与人合作,感受团结合作带来的快乐;增强班级的凝聚力,培养积极向上的班风。

课前准备:演示文稿、印制有"组内寄语"的卡片、3张报纸、1条红领巾。

课程实施流程图:

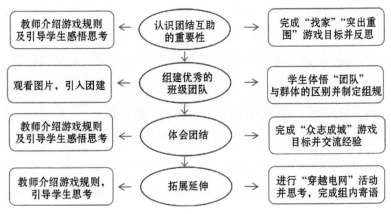

三、班会流程

(一)游戏热身

1. 游戏"找家"

游戏规则:以教师的口令为准,学生在听清楚教师的口令后,马上按照教师说出的数字抱成一团,成为"一家人",速度慢和没有找到家的学生将会被暂时淘汰。

游戏结束后,教师分别请成功找到"家"和没能成功找到"家"的学生与大家交流感受。教师顺势点拨、引导,将话题引到团结的主题上。

2. 游戏"突出重围"

游戏规则:教师将班级分为两组,一组为"突围组",共 15

人,另一组为"包围组",共 20 人。包围组的同学手挽手围成圆圈,把突围组的同学围在包围圈内。突围者要靠自己的能力想办法突出重围,包围者要靠团结的力量来维持包围圈。

游戏结束之后,教师分别请"突出重围"和"守护重围"的学生说说自己的感受,并提取关键词写在黑板上。学生通过游戏感受主题,感受自己在集体中的作用。

(二)共同探讨

师生共同探讨如何组建优秀的团队。

首先,教师展现三幅有关团队精神的图片:气势磅礴的太极拳表演团队、中华文化表演团队和开拓进取的雁鹰团队。同学们自由发言,分享观后感并体悟"团队"与群体的区别:人多不一定力量大。团队不同于群体,一个有超强战斗力、竞争力的团队,必须有团队精神。

接下来,师生共同探讨,确定组建高效班级团队的三要素(具有共同的愿望与目标、具有共同的规范与方法、具有和谐、相互依赖的关系)以及如何组建优秀的班级团队(确定一致的目标、选好班委、定好班规、搞好班风建设)。

(三)体会团结——游戏"众志成城"

游戏规则:在地上摆 3 张报纸,3 个组各派 4 名同学出来比赛。首先,打开报纸,让 5 名同学站在上面且脚不踏出报纸,坚持 1 分钟。第二轮,将报纸对折,4 个同学仍站在报纸上且脚不踏出报纸,坚持 1 分钟,脚踏出报纸的组被淘汰。第三轮,再将报纸第二次对折,4 个同学要想尽办法同时站在小小的报纸上,且脚不踏出报纸,坚持 1 分钟。依次类推,最后坚持下去的小组将会胜出,每人获得一份小礼物。

游戏结束后,教师请获胜和失败的小组分别与大家分享游戏的体验感想。教师提炼学生总结关键词：目标、互助。

(四)拓展延伸

在班内通过抽纸牌随机组建团队，进行"穿越电网"活动，让学生在拓展活动中充分领悟团队精神，体会团队与合作无处不在。

活动结束后，教师请学生谈谈通过今天的班会懂得了什么道理。如："人生路上，我们难免会遇到挫折和困难。有时候并不是依靠一个人的力量就可以解决这些问题。团结、合作的力量是巨大的，是足以创造奇迹的。我们需要合作、需要团结。"教师可提出希望："希望同学们通过这次活动能够团结起来，共同把班级建设成为一个团结友爱的班级。大家在这个充满温暖的大家庭里能健康成长。"

【班会案例四】齐心协力、同舟共济、迎接中考①

一、班会设计背景

初三开学以来，班级中的同学总会为一些鸡毛蒜皮的小事争吵不休，互不相让。独生子女多数有以自我为中心的倾向，如果班级不能形成团结的班风，是不可能决胜中考的。其实，初中生对于良好人际关系和互相理解有强烈的需求。基于此，教师以"齐心协力、同舟共济、迎接中考"为主题，设计了本次班会。

---

① 设计者：教师赵海萍。

二、班会目标

本次班会目标如下：

首先，使学生明白团结协作是中华民族的传统美德，也是当代青少年必备的道德品质。同时，使学生意识到生活中需要互相团结帮助，班集体需要同舟共济、一起拼搏努力。

其次，锻炼学生的语言表达能力，提高学生的人际交往能力和辨别是非能力、分析和解决问题的能力。

再次，教育学生要团结同学、关心集体，用严格的标准要求自己，与同学和睦相处，彼此学习、共同进步、健康成长。

三、班会流程

（一）准备阶段

教师准备：制作班会演示文稿；准备 A4 纸和报纸。学生准备：笔和本。

（二）活动过程

1. 暖场活动

教师指导学生以小组的形式围坐成一个圆圈。

教师导入："请大家听规则玩游戏。请同学们围城一个圈，然后集体向右转，并绕着圆圈开始走动。我说'梅花梅花开几朵'，大家齐声说'你说梅花开几朵'，然后我会说'我说梅花开 5 朵'，大家要迅速组成 5 人的小组，速度越快越好。没有组成小组的同学就被淘汰了。"

游戏结束后，教师分别请被淘汰的同学和坚持到最后的同学与大家分享自己的感悟。教师总结："我们都需要归属感，有集体我们就有归属感，有集体我们就有家。"

2. 体验活动"坚不可摧的 A4 纸"

教师导入:"一张纸很薄、很脆弱,我们可以轻易地将它撕毁。大家有什么办法让它变得强大起来吗?"

学生动手折纸,在折纸过程中体会薄薄的一张纸也可以变得如此强大。

教师提问:"团结重要吗?"并请同学们反思自己的班级或自己的小组在"团结"方面做得好不好、如何在学习上体现团结。

学生反思过后,教师请同学们拿出纸笔,写下:

我们是"团结的一家"!

践行"团结"

作为小组的一员,我能做的事有:_____

作为班级的一员,我能做的事有:_____

我最想跟_____同学说一句话:_____

3. 活动总结

班主任总结班会的收获,再次提醒同学们齐心协力、同舟共济是决胜中考的关键,团结是一种修养,是一种品质,更是一种美德。然后,班主任为同学们送上中考寄语。

【班会案例五】换位思考^①

一、班会设计背景

七年级的学生既有儿童的特征,也有了一些青春期的叛逆。他们关注自己的内心感受,渴望获得别人的认可与赞同,也希望获得更多的自由。于是他们对于父母的叮咛、朋友的劝解、老师的要求开始产生了一些抵触、叛逆。为了让学生学会理解宽容他人,改善并拉近自己与亲人、朋友、老师之间的关系,学会换位思考,教师设计了本节班会课。

二、班会流程

本节班会课共包含游戏体验活动、心理剧场、换位思考秘诀和诗歌朗诵四部分组成。

课前准备:自制 PPT、歌曲(《如果我们能换一换》)、心语训练场卡片、一个篮球,一把椅子、心理剧《篮球风波》。

(一)游戏体验活动:"折纸""有趣的双歧图"

教师给每位学生发放一张正方形的折纸,请大家按照指示语进行折叠。学生们发现,虽然指示语相同,但每个人折纸的结果却不一样。教师请学生代表谈谈出现这种现象的原因。

折纸活动结束后,教师请学生们观察"双歧图",并询问为什

---

① 设计者:教师郭莉娜。

么大家看到的结果不一样。学生组成小组讨论原因,并由小组代表进行发言。教师对学生发言进行总结,让学生们明白从不同角度看事物的结果是不同的,这是人与人之间产生误解的原因。

(二)心理剧场

教师导入:"生活中我们常会遇到这样一些场景:人们因为一些事情争吵甚至大打出手。接下来,请大家观看心理剧《篮球风波》。"

教师通过带领学生们观看心理剧《篮球风波》,让学生们明白:当出现矛盾时,只站在自己的角度去处理问题会激发矛盾,而站在对方角度看待问题并理解对方才能更好地解决问题。

观看结束后,教师请学生们回忆最近与家长和同学之间的一次矛盾,让学生书写"心语训练场"的卡片,体验换位思考的价值。

(三)换位思考秘诀

教师导入:"换位思考需要我们用更多的智慧去思考如何变通,进而解决问题。下面请大家分成小组,讨论换位思考的办法。"

在小组代表与全班同学分享换位思考方法之后,教师总结补充:"第一步:如果我是他,我需要的是……第二步:如果我是他,我不希望……第三步:如果我是他,我的做法是……"

在总结换位思考方法后,教师可以带领学生做换位思考情景模拟题,让学生学会客观面对问题,多一些冷静思考,为今后的学习生活奠定健康的心理基础。

(四)诗歌朗诵

在《如果我们能换一换》的背景音乐下,教师请学生深情朗诵诗歌《如果我们能换一换》,让学生们深深感受换位思考对于我们的生活和这个世界的重要性。

在班会的尾声,教师进行总结:"世界就是如此奇妙。很多时候,我们会碰到不顺心的事情,觉得心情郁闷,换个角度,换个思路,重新思考一下,也许就会发现世界大不一样。希望我们每个人都能学会换位思考,开心地度过每一天。"

【班会案例六】梦想与现实①

一、班会设计背景

会考过后,学生显得有些松懈,学习主动性、积极性降低。在即将升入九年级的关键时刻,每个同学都需要重新设定目标,清楚地认识自己的优势和不足,并知道如何才能弥补自身的不足,思行统一,脚踏实地,用行动赢得未来。

二、班会流程

(一)暖场活动

教师导入:"各位同学们,大家好! 欢迎参加本次主题班会。首先让我们一起欣赏诗朗诵《在一起的日子》,回顾我们一起走过的日子。"通过诗朗诵和照片回放,提示学生从初一到初二,大家一起经历过很多事情,比如红歌比赛、成绩起伏、集体军训等,

---

① 设计者:教师柴燕。

为班会做情感铺垫。

(二)晒梦想

教师提前让学生写下自己的梦想(尤其是求学的目标)。写的时候要认真严肃,联系自己的实际情况。在"晒梦想"环节,教师请同学们说出自己的梦想,与大家共同分享。通过这一活动,让学生们对于自己的未来能够做到目标明确,心中有数,互相分享能够让大家相互之间有所借鉴。

(三)体验活动"掌声雷动"

教师请同学们想一想,自己一分钟能鼓掌多少下,并把自己的期望数写在纸上。之后,请大家实际尝试一下,并记录下自己一分钟的鼓掌次数。在活动过程中,教师提示学生按照要求去做,认真严肃,不断超越自己写下的数字。

活动结束后,教师提问,引导大家进行思考:"大家的期望和行动,对于结果有什么影响? 如果想得多,做得少,结果会怎样? 反之,如果想得少,做得多,又会怎样呢?"

(四)体验活动"掌声不绝"

教师请同学们想一想,一分钟鼓掌的次数乘以三会和三分钟鼓掌的次数一样多吗? 之后,教师请同学们鼓掌三分钟,并把鼓掌次数写在纸上,看看是否和预想的一样多。

教师提问:"为什么三分钟鼓掌的次数和想象的不一样呢?"然后,教师请学生们观看实践活动中登长城的照片,并找参加活动的同学说一说感受。这一活动的目的在于让学生了解半途而废对于实现理想的负面影响是多么的可怕,让学生明白,要想实现自己的目标,必须要坚定信念。

(五)体验活动"身背泰山"

教师让学生把书包背在肩上,按照要求,完成相应的动作。

如拿出语文书,翻到第 56 页,朗读第 7 行文字;翻开英语书 23 页,朗读第 4 段,等等。

然后让学生参加"现场招聘",教师展示招聘启事,学生根据招聘条件,走到规定的地方。招聘启事如下:

岗位:工人岗(初中毕业)

岗位:管理岗(本科以上)

1.初中三年你是否经常违纪,受到批评?

2.你在家是否经常帮父母做家务,很少顶撞父母?

3.你在校是否经常主动和老师打招呼、帮助老师,听老师的话?

4.你在班里是否经常主动为班级做事情?

教师在课前让学生把认为需要的东西放在书包里,带到教室,活动时按照要求拿出相应的东西,完成动作。过程中准备充分的同学都可以通过招聘的第一关。本活动帮助学生懂得现在肩上所背负的重量就是将来我们走入社会的最大资本。

(六)目标九宫格

请学生认真填写目标九宫格,然后与全班进行分享。在此过程中,教师需要提示学生按照规定填写,认真思考自己的闪光点与存在的不足。

(七)教师总结

在八年级这样一个时期,学生容易迷失自己,正如在百米赛的中途,如果能目标明确、信心坚定地跑下去,必然会冲过终点。希望通过本次班会,同学们能够明确自己奋斗的目标,不忘初心,清楚地意识到自己的优势和不足,正确地看待自己。

【班会案例七】笑·律·效率①

一、班会设计背景

升入八年级之后,同学们的激情和斗志渐渐减少,"青春期"来袭,同学们的情绪出现波动,做事冲动,班内出现了矛盾。为了让同学们重拾信心,教师设计了本次主题班会,希望通过体验活动,让孩子们认识到拥有良好的心态的重要性,明白不管遇到什么样的困难都是可以克服的。

二、班会目标

认知目标:帮助学生树立自信心,使其勇敢面对生活中的困难。

能力目标:锤炼学生们的意志,帮助他们形成坚韧的品质。

情感目标:使学生学会自我调节情绪,学会团队有效合作。

三、班会流程

课前准备:PPT(演示文稿)、音乐《向前闯》《隐形的翅膀》《我们都是好孩子》、纸杯、乒乓球。

(一)活动"回眸往昔":说说我的成长

教师将全班学生分成四组,请大家用一分钟时间想一想,然

---

① 设计者:教师吕娜。

后说一说自己或他人的闪亮之处。

本次活动的目的在于给学生一个良好的定位,为大家树立信心,调节课堂气氛。教师根据学生的回答,总结两年来班中所取得的成绩,并适时引出班内存在的问题,让学生的转换思路,关注目前存在的问题。

(二)活动"运球回家"

"运球回家"需要两个领队先整合好自己的队伍,然后利用A4纸将乒乓球运送到目的地。在学生活动的过程中,教师充分参与其中,多观察,寻找等下的采访对象。

对于领队,教师可提出问题:"你是如何召集起来这些人组成你的团队的?"对于队员,教师可提出问题:"你为什么会加入他的团队,帮他完成任务?"

活动结束后,教师请学生们写下"运球回家"的感悟:"如果把乒乓球比喻为学习中的困难,把运送乒乓球的过程比喻为解决困难的办法,结合刚才大家的实践经验,请写下你感悟最深的三个关键词。"

"运球回家"为班会的高潮。用A4纸运球是非常困难的一件事,但是同学们通过努力配合,想方设法,终究还是会完成任务的。通过这样的一个活动,能够让同学们明白,很多困难其实并不是如我们想象的那样难以解决,只要大家团结协作,为目标而努力,就一定会解决难题。

(三)教师结束寄语

致我亲爱的孩子们:

成长是痛并快乐的,在成长中我们要不断抛弃天真,要忍受不被理解的苦闷,要亲自品尝不断向前攀爬的苦痛……但我们又是快乐的,因为我们拥有积极乐观的心态,拥有初生牛犊不怕虎的勇气,拥有聪明的头脑,更拥有许多指引我们、帮助我们前行的良师益友。我们有信心战胜成长中的一切困难,因为我们懂得:在规范中微笑,可以提升我们做事情的效率。

通过教师寄语,学生们能够感受到其对自己浓浓的爱与关心,进而树立信心,努力前行。

【班会案例八】我为自己掌舵①

一、班会设计背景

会考结束后,许多学生产生了失落、迷茫、自我否定、恐惧等负面情绪,以致在学习上迷失了目标、行为不积极主动,甚至放弃学习。为此,教师设计了本次班会。

二、班会流程

在班会举行前,教师提前准备好背景音乐《你一定会成功》《每个人都看到了希望》,并对全班学生目前的状态做到心里有数。

(一)暖场活动

教师创设情境,通过展示电子相册,带领同学们一起回顾备考会考的日子,然后讲述数字故事《珍惜时间》。教师进行总结:"会考之前,大家有明确的目标,不管做什么事情都有很充足的

---

① 设计者:教师葛庆阳。

动力,但是现在一些同学行动缓慢,做事拖沓,严重影响了学习的效果和效率。"通过对比,阐明做事情要有目标、有效果,为下一个环节做铺垫。

(二)活动"你的目标在哪里?"

首先,教师分析班中典型同学的具体表现,和大家一起帮助典型同学查找出现问题的原因,并帮他寻找合适的目标,找到新的动力源泉。然后,教师可以展示天津市北辰区各大高中的中考招生名额和近几年的分数线,让同学们认清自己的现状,找到自己的不足和别人的差距。

(三)活动"撕纸条"

教师请同学们在纸条上标上刻度,每一个刻度为一周。然后,请同学们按照先后顺序从左边第一个刻度开始标记数字1、2、3……接下来,教师和同学一起计算距离中考还有多长时间、减去假期还剩多少周。最后,请大家看看自己手中的纸条还有多长。

由于意识不到时间的紧迫性,同学们会表现出没有时间观念、做事拖沓等现象。通过活动,能够让同学们意识到人的时间是有限的,距离中考已经很近了,在校学习的时间真的不多了,让同学们懂得从现在开始珍惜时间,与时间赛跑,为中考做好全面的准备。

(四)总结升华

教师总结:"人生有目标就有动力。目标就是我们现在行动的指向灯!在实现目标的过程中,我们会遇到各种阻碍,只要我们坚持不懈地为之努力,就一定能实现我们心中的目标。"

【班会案例九】战胜挫折,体验成功①

一、班会设计背景

随着成长,学生们或多或少会遭遇一定的挫折。升入九年级以来,学生们面对着升学毕业的压力,内心会变得比较敏感、脆弱,遇到挫折不会调节。此时,挫折教育就显得尤为重要。挫折教育侧重的并不是挫折本身,而是孩子在受挫后是否有恢复能力,是否可以重拾信心,继续前行。通过挫折教育,孩子们在挫折面前能够泰然处之,保持乐观,这对学生而言将是一笔宝贵的财富。

二、班会流程

活动开始前,教师自行制作演示文稿,并准备两段背景音乐(《蓝调》《明天会更好》)。全班同学围坐在一起,便于活动的开展。此外,每个人需要准备一张小卡片,一支笔。

(一)小游戏"进化站立"

游戏开始时,同学们都处在"蛋"的状态,然后每两人组成一组,进行猜拳,赢的一方升级为"小鸡",输的一方继续保留在"蛋"的状态。接着,赢了的同学再两两组成一组,进行猜拳,赢了的一方升级为"小猴",输了的一方回到"蛋"的状态,和同样处

---

① 设计者:教师赵春妹。

在"蛋"的状态的同学猜拳……同学们经历完从"蛋"到"小猴"的过程,才算胜利。

这一游戏是让同学们感受自己在前行的过程中受挫时的心理变化。教师可以分别采访一帆风顺成功的、一直做"蛋"的、即将成功又变成"蛋"的同学的心理感受,让大家体验挫折及挫折对自己心理变化的影响。

(二)分享挫折故事

每个人都或多或少会遇到挫折,当我们遇到挫折后,应该怎样面对呢?教师请同学们在班里分享自己遇挫的故事。使学生们通过交流,明白重要的是应如何应对挫折。

(三)描述心中的自己

教师请学生们用 15 个词诸如高大、漂亮、聪明、可爱、懒惰等来描绘自己,并对这些词语进行一一解释。学生在这一过程中容易出现"写着写着就找不到词"的情况,或者"写成的词语相互矛盾"的情况。教师对此提醒学生进行反思,让大家认识到自己对自己的认识存在偏差,自己对自己的定位是具有不确定性的,从而了解不同的心理暗示所产生的作用是不一样的,要学会运用积极的心理暗示调整自己。

(四)学会积极暗示

教师介绍一些积极暗示的方法,并带领学生针对自己的情况,写下对于自己具有积极作用的暗示方法和语句。

这一环节主要是想让学生掌握一些积极暗示的方法,并体验运用积极暗示的方法,对自己的心理产生了什么样的影响。

【班会案例十】文明，从换位思考开始①

一、班会设计理念

文明体现在我们学习与生活的各个方面。正处于青春期的中学生模仿能力、逆反心强，很难对文明有更深层次的理解，因此在校园生活中会出现很多不文明的现象。为了让学生对文明有更深入的理解，通过体验活动，能够站在别人的角度上去理解文明、体会文明的重要性，在生活中做一个文明的中学生，教师设计了本次班会。

二、班会目标

首先，引导学生通过学习名人故事、观看文明视频，让学生认识到文明的重要性，在学习生活中讲文明。

其次，通过换位思考体验活动，让学生感悟到站在对方的角度上去考虑问题，文明其实很简单。

再次，培养学生从现在做起，从一点一滴做起，努力提高自己的文明修养，同时让学生明白做任何事不能只考虑自己，也要适当地站在他人的角度上来理解他人的感受，换位思考，做一个懂文明、讲文明的初中生。

---

① 设计者：教师王娇。

三、活动流程

(一)活动导入

教师:"什么是文明?用大家用自己的话来说一说对文明的理解。"

学生回答完之后,教师引入视频:"其实文明看似离我们很远,其实就在我们身边。我们先来一起看一段视频《One day(一天)》。"

通过观看视频,引出班会主题——文明就体现在我们生活的点点滴滴之中,只要换位思考,我们每一个人都能做到文明。

教师引入接下来的活动:"看完这段视频,你的内心感觉如何?是不是感觉暖暖的?与其说视频展现了爱心的传递,不如说展现了一种城市文明的传递,这会形成一种正能量,传递到我们每个人的生活之中。你希望成为那个被帮助的人吗?你会帮助别人吗?"

(二)活动一:喂水游戏

教师:"那么我们先进行一个热身游戏——喂水。大家两个人一组,一个同学负责喂另一个同学喝水,但双方不许与交流。请参与的同学仔细感受,其他同学仔细观察。"

喂水游戏主要看学员在整个过程中能不能考虑到喝水者的感受,并让喝水者舒服地把水喝下。

喂水游戏结束后,小组内交流感受。教师采访喝水者:"你们对喂水者满意吗?要想喝水者得到良好的感受,我们必须考虑哪些因素?"

教师根据学生的回答进行总结:"要想喝水者有良好的感受,喂水者必须设身处地地为对方考虑(水温、水量、喂水的速度……),要会换位思考。"

教师:"文明,从换位思考开始。换位思考是我们个人素质、道德的一种体现。如果我们学会了换位思考,能够站在对方的角度考虑问题,生活中的一些不文明现象便会得到改善。"

(三)活动二:换位思考,理解文明

教师讲述拿破仑的故事,然后请同学们分享自己得到的启示。教师提问:"我们怎样做才能站在别人的角度上考虑问题,真正地做到换位思考呢?"

学生畅所欲言,教师总结:"我们经常把文明挂在嘴边,却很少有人能一直践行。这是因为我们不能站在他人的角度上通过换位思考去理解事件本身。换位思考就是要求我们要具有同理心,己所不欲,勿施于人。"

(四)活动三:文明辨析

教师通过展示关于校园中、班级中不文明现象的照片,让学生们通过辨析,明白生活中很多不文明现象是习惯导致的。文明需要我们去理解、去践行,从而形成文明习惯。

(五)总结

教师总结:"换位思考,学会尊重、自律、真诚,就能够让我们的班级、校园、社会变得更加文明!"

【班会案例十一】青春与责任同行①

一、班会设计理念

当前,很多学生都是独生子女,容易出现任性、以自我为中心、做事缺乏责任心、对他人和集体漠不关心的情况。在抗击新型冠状病毒肺炎的战役中,涌现出许多有责任心、有担当的年轻的抗疫英雄,他们在国家有难时挺身而出,不畏艰险,贡献青春的力量。教师通过主题班会的责任教育,培养学生对责任感的正确认知,增强学生的责任意识。

二、班会目标

带领学生品味青春,体会青春的含义。

明确当代少年的责任,教育学生做事应有责任意识,认真负责,勇于担当。

三、班会流程

教师导入:"每个生命都有青春,每个青春都有梦想。畅想梦想,让我们享受生命;憧憬理想,让我们生命激昂。中学时代正值生命的春天,让我们一起来感受青春的光芒。"

---

① 设计者:教师王冰川。

(一)品读小诗《青春》,体味青春的含义

首先,教师播放著名主持人董卿朗读的《青春》,让学生们在理解诗歌内容的基础上,加上自己对青春的理解,有感情地朗诵诗歌。

接下来,教师提问:"这首诗歌中,哪句话对你触动最大? 哪句话最能体现青春的含义?""你如何理解'青春是用来奋斗的,不是用来挥霍的'?"

(二)活动"青春之我见"

1. 手绘青春

请同学们分组展示课前绘制好的主题为青春的画作,并解释绘画的灵感来源。

2. 大话青春

教师提问:"说到青春,你想用哪些词来形容它? 你认为青春是什么样子的? 你想要什么样的青春?"

教师总结:"青春是用来奋斗的,不是用来挥霍的。在美好的青春时光中,我们要去做有意义的事情!"

(三)活动"青春闪亮,学习榜样"

首先,请同学们以小组为单位,借助演示文稿或图片介绍令自己感动的榜样英雄。

接下来,请小组共同讨论:

这些年轻人为何会在国家有难的时候挺身而出?

这些年轻人发挥了自身的哪些技能来抗击疫情?

如果是你,你会做出同样的选择吗?

教师总结:"是大爱让他们勇敢逆行,是责任让他们义无反顾,是担当点亮了他们的青春岁月。"

(四)活动"当代少年的责任"

首先,教师请同学们想一想自己是谁。("对于爸爸妈妈来说,我是……对于我的小组来说,我是……对于我的班级来说,我是……对于我的学校来说,我是……对于我的祖国来说,我是……对于社会来说,我是……对于我自己来说,我是……")

接下来,请同学们以小组为单位,绘制责任树,明确自己身上的多重责任。然后小组派出代表在班级展示自己小组的作品,并进行讲解。

教师总结:"我们当代中学生身上担负着多种责任,对自己,我们要锻炼体魄,强身健体;对家人,我们要牢记孝心;对国家,我们要认真读书,增长技能,怀报国之志。"

(五)活动"少年说"

此活动仿照电视节目《少年说》,让同学们走上讲台,大声说出自己当前做得不好的地方,并说明要怎样改正。本活动采取自愿参与的方式,请同学们认真审视自己,发自内心地说出相关内容,让责任意识内化于心。

教师总结:"青春少年,知错就改,我们要有责任心,敢担当!"

(六)教师寄语

教师:"青春是一生中最美妙、最宝贵的时光,也是最有活力、充满无限可能的时光,更是应该奋斗、为未来积蓄能量的时光。只有奋斗,才能不负青春。看着这些榜样英雄,我们肃然起敬,也想在国家有难的时候能够挺身而出,贡献自己的力量。我们怀报国之志,也要有报国之技,我们少年一代要努力学习,增长知识,铭记自己身上的担当与责任。加油吧,少年!"

立责行旅——以班级文化建设为载体的德育实践研究
第四章
名师工作室成员的思考与实践

第一节　学习、成长、反思

做幸福的教育事业的追梦人
——刘福颖名班主任工作室访学研修总结体会①

"得天下英才而教育之",这是先贤孟子描摹的教育者的幸福;"教学之法,本于人性,磨揉迁革,使趋于善",这是学士欧阳修诠释的教育者的职责;"教育者,非为已往,非为现在,而专为将来",这是蔡元培提出的教育者的追求。

党的十九大以来,随着党和国家对教育和教师的重视上升到新的高度,国家确定了"强国必须强教,强教必须强师"的战略方向,教育界再次迎来了新的发展,教育者赢来了新的挑战——在全面实施立德树人的过程中,如何实现教师的职业幸福感,做幸福的教育事业的追梦人,既是我们的课题,也是我们的理想。

---

① 作者白倩倩。

90

刘福颖名班主任工作室访学研修课程安排得充实高效，接连十场通识性讲座，涵盖教育教学、教课带班等多个领域，大家收获颇丰。赵国圣老师带来的"如何成为新时代幸福至尊的教师"的讲座，内容充实精彩，给大家留下深刻印象，让大家感触颇深。在今天这个知识迅速更新的时代，教师的价值在于育人，即培养学生良好的行为习惯，使之树立终身学习的积极意识；教师追求职业幸福，先要学会顺应时代的要求，管理好自身的情绪，调整好自己的心态，树立高尚的追求。教师要唤醒家长，带领家长与学校共担责任与使命，重视教育的过程，尊重生命。

新时代下，我们是一群教育事业的追梦人，追求职业梦想，寻找职业幸福。我们要努力提升职业价值，赢得社会尊重；提升专业能力，师值所值；重视语言的力量，学会对话的技巧；学会把自己的注意力放在学生的优点上，永远牢记爱是教育的核心和灵魂；深刻体会"有教无类"的教育思想，接纳每个孩子的不完美，并对每个学生都抱有希望。作为教师，若能不放弃任何一位学生，那么我们看到的世界也一定会是美丽的。

作为幸福的教育者，要让自己像太阳一样，站在讲台上，能让所有学生感受到来自我们的温暖与能量；作为新时代里教育事业的追梦人，我们可以从自己心态的调整上获得幸福感；从学生的成长中获得幸福感；从自身的专业成长中获得幸福感。

马斯洛的需要层次理论指出，"人的自我实现"是人的本质需要。教师就要在自己的追求中，不断地进行创造，增强自己的认知内驱力和自我提高内驱力，在实现自己的职业理想中，尽享职业的幸福。教师在教学中得到"学生的爱戴感、教学的胜任感、探究的新鲜感、成功的愉悦感"，便会从中体会到幸福。

培训过程中的每一次学习，我们都得到智慧的启迪。怀着对职业幸福的追求和对教育梦想的憧憬,我们所有学员一定能够以更饱满的精神状态投入到后面所有课程的学习中,让自己学有所获,为建设一支"师德为先、骨干引领、全员提升"的教师队伍努力奋斗。

思绪至此,心潮澎湃,耳畔不觉回响"彩笔绘教书蓝图,黑白写育人春秋"。余音袅袅,不绝如缕……情不自禁,写下一首藏名诗。诗中包含了工作室参训学员的姓名,更饱含了我们的感悟、心愿和梦想——

> 榴枝茁朗榴实繁,福源田颖保芳鲜。
> 园里花草风清白,圕中春光资曼倩。
> 明朝桃李满天下,还须细种婀娜花。
> 于今草木渐葱茏,金霞昕霁轶群星。
> 豆蔻少年燕赵家,弱冠俊郎多彦贤。
> 不厌挟生遨学海,不倦诲人渡翠萍。
> 三尺讲台培良木,一片丹心育珍才。
> 师爱崔巍干云树,丹笔留史铸新功。
> 十年树木且不易,百年树人克畏难。
> 学子莘莘皆受益,英才济济笑开颜。
> 一马当先为人师,晓日皑雪初心映。
> 鲤跃龙门万里程,奋斗实践中国梦。

泰戈尔曾说过:"花的事业是甜蜜的,果的事业是珍贵的。让我们干叶的事业吧,因为叶总是谦逊地垂着绿荫。"做教师,就要有这种绿叶精神,从职业的奋斗中收获幸福,努力做幸福的教育事业的追梦人。

一马当先为人师，奋斗实践中国梦

——2019年北辰区名师工作室杭州访学总结①

2019年的暑假，我有幸参加了北辰区教育局和教师进修学校联合举办的杭州访学活动。本次访学活动共安排了十场专题报告，内容涉及教师的专业化发展、教师的职业幸福、名师工作室管理、信息技术的应用，等等。虽然十位讲师成长经历不同、任教学科不同、分管工作不同，但是他们分享的内容都给我们带来极大的触动。名师的成长是个性化的，无法复制的，但是他们对教育的执着，对学生的关爱，都是我们应该学习并践行的。

赵国圣老师充满正能量的讲座"教师职业幸福感"，听后让人元气满满、如沐春风。朱永春老师的讲座"专业视域下的班主任能力素养"，让我们学到了许多实实在在的教育教学方法。江美华老师通过幽默诙谐的讲演、旁征博引的论述，给我们展示了一位小学科学教师的专业成长与师德感悟。汪纪苗老师通过讲座"名师成长的思考"为我们讲述了自己成为名师的历程以及新时期名师应该具备的素质。朱湘妹老师的讲座"工作室管理经验分享与研讨"，则为我们讲述了一位顶尖的名班主任是如何以点带面，带动一批优秀班主任成长的。

朱永春老师转化学困生的案例给我带来很大启发。著名教育家魏书生说过："教师应具备进入学生心灵世界的本领。"育人先要育心，只有走进孩子心灵的教育，才能引起孩子心灵深处的共鸣。"蹲下来看孩子"，我们应该与孩子保持一样的高度，以孩子的眼光看问题、看世界，这样才能真正理解孩子，也只有在这

---

① 作者李娜。

样的前提下,我们才可能为孩子提供最适合的教育。

做好班主任,需要处理好"预"和"遇"。"预"就是预见、预知、预料、预防,朱永春老师利用各种丰富的活动来培育孩子们的良好习惯,潜移默化地影响孩子们的思维和行为品质。朱永春老师将学生、老师、家长、社会作为一个系统来看,任何一个看似孤立的活动和事件,都被置于一个大背景、大系统之中,而其背后则是朱永春老师对教育意义的深刻领悟,对每个生命个体的尊重,对闪光点的智慧发现。"遇",即遇见、遇到、遭遇,班主任工作绝非按部就班的例行公事,其最具挑战性的在于面对各种各样的突发事件,这些看似属于"非主流"的事件,其背后都有规律可循,对一切"遇到"的突发问题的顺利解决,必然要以充分的预见为前提。教师要了解自己的学生,了解他的家庭,了解他的课堂,了解他的"朋友圈",教师要记录孩子的成长足迹,发现属于他们自己的光辉。教师要走进孩子的内心,尝试换位思考,从孩子们的角度去思考问题。

人们经常认为小学老师很难做得出类拔萃,但是江美华老师的事迹让我很受触动。江老师任教的是小学科学,一个不太受重视的学科。但是,江美华老师却用自己的实际行动扭转了学生和家长的观念,让孩子们爱上科学,并不断创新。江美华老师还编写了一套适合小学生的科学实验教材。江老师的事迹告诉我们,无论教什么学科,我们必须对自己所教学科的基本理论非常精通,并了解这门学科的现状、历史、发展趋势和社会作用,抓住要领,掌握重点、难点。在教育教学中,教师不仅要传授这些知识,而且要运用这些知识激发学生的学习兴趣。教师要不断学习新知识,讲课要有新意,同时要不断汲取新信息、新知识、新理论,不断地充实自己,完善自己的知识结构。

"好教师不是天生的,而是在教学管理实践中,在教育改革发展中锻炼成长出来的。"七天的学习已经结束,厚厚的听课笔记中每一页都记录着授课专家的经验,随手记下的批注,每一处都流动着自己听课时的灵感,心里感到无比充实和幸福。每场讲座结束后,我们积极地与专家互动交流,从专家的解答中寻找解决问题的有效方法。

我深知,更重要的学习和工作任务还在后面,思想在我们的头脑中,工作在我们的手中,坐而言,不如起而行。路虽远,行则将至;事虽难,做则必成。我会不懈努力,向这专家看齐,做一名优秀的教育工作者,不负党和人民的重托!

我们都是逐梦人
——刘福颖名班主任工作室访学研修体会①

为了开阔教师视野,提升专业水平,根据天津市北辰区教育局统一部署,北辰区各工作室骨干成员在美丽的西子湖畔开启了为期 6 天的封闭学习。

一、专家讲座,震撼心灵

著名主持人杨澜曾说过:"你可以不成功,但不能不成长。"作为教师,我们更应树立终身学习、终身成长的观念,为师一日,便不可荒废半日。几场深刻的讲座让我更加理解了终身学习的重要性。我们有幸聆听了号称"江南小魏书生"的朱永春老师的专题讲座。朱永春老师用幽默诙谐的语言讲述了自己作为一位

---

① 作者刘巍。

老师的成长经历,分享了一系列用真心、爱心、细心感化包容"问题学生"的故事,向我们展示了一个平凡的农村草根教师对学生无私的爱和对职业的责任感、使命感。在教学中让学生永远保持新鲜感,是一位优秀教师的必备能力。我们从朱永春老师的身上学到:优秀生从应试教育的题海战中解放出来,用眼做题、用笔记录触动解题灵感的思路并加以训练;学困生从压力中解放、从难度中解放,稳固自己的能力加以拓展,在每一次的考试中恢复自信心。对于那些难懂易混的知识,朱永春老师总能从独特的视角进行讲解,让知识变得浅显易懂。学习对于学生而言不再枯燥无味,而是生动活泼的。"不抛弃、不放弃、不生气",秉持着这样的教育理念,才能让我们用一双慧眼和一颗仁爱之心,抓住一切教育契机,把德育渗透在学科教学之中,渗透在生活实践之中,进而实现学生的自我教育。

来自台州仙居教科所的张志伟老师给我们带来一场名为"教研活动的组织与实施"的讲座。张志伟老师的讲座通过案例漫谈的方式来阐述观点,实际、实在、实效。我们学习到:教研活动必须从身边的现象入手,研究真实问题;教研活动研究问题应采取多维视角;教研活动的开展要基于深度学习,并加以思考。有效开展教研活动需要做到以下三点:一是要做工作中的细心人,多参与校本研修活动,善于从研修活动中发现问题,并能够进行思考;二是平常要多积累,特别是收集案例,现在的我们缺少的不是理论,而是缺少能够引发思考的教学案例;三是要勤动笔,要善于把发现的案例、故事以及自己的所思所想记录下来。

来自浙江大学宁波理工学院的贾小鹏教授为我们带来主题为"教师的情绪管理与有效沟通艺术"的讲座。贾小鹏教授语言风趣幽默,他用一个个鲜活的案例为我们讲述情绪管理的重要性和沟通的艺术。通过讲座，我们认识到，情绪难以控制是因为自己的修为不够。贾小鹏教授还为我们介绍了他独创的情绪自我管理的"三三三"原则，即用三小时、三分钟、三秒钟的时间让事件达到一个节点，不要回头，不要纠结，不要彷徨，用最短的时间化解自己的情绪危机。沟通成败的起点就是情绪的控制，控制好情绪，掌握好沟通的艺术，就学会了人际交往的秘籍。

二、教育前沿，润物有声

2018年初中共中央、国务院出台的《全面深化新时代教师队伍建设改革的意见》中指出，到2035年，广大教师在岗位上有幸福感、事业上有成就感、社会上有荣誉感。此时责任和使命对教师而言已不是一种负担，而是一种习惯、一种幸福。

作为教育工作者不能只做传授知识的教书匠，而要成为塑造学生品格、品行、品味的"大先生"，要做思想上有定力、人格上有魅力、教书上有功力、教学上有活力、实践上有能力的新时代教师。作为新时代的班主任，要给学生导师般的厚爱——教导和激励、严格和期待、训练和督促、召唤和鞭策；给学生以慈母般的仁爱——信任和搀扶、温暖和体贴、呵护和爱怜、表扬和鼓励；给学生以朋友般的平等和尊重、帮助和支持、理解和关心、肯定和赞赏。作为一名充满人格魅力的老师，应该具有渊博的知识。所谓"学高为师"，文化形象是老师形象的核心。教师应通过"学""做""思"提升自己，学就是打开窗子不自封、不自傲，善于学习；"做"就是迈开步子不停留、不犹豫，勇于实践；"思"就是开动脑子不保守、不等待，勤于反思。如此深刻的分析让我更深层次地了解到中国教育正在进行一场深入的变革，班主任从工作体系到经验体系、思想体系的建设，正在促进班主任工作专业化,提升班主任的基本知识和基本技能,丰富班主任的人文素养和道德情操。

三、反思提升,指引前行

几天的学习与交流让我坚定了继续研究德育课程化的信心和决心,并为未来研究指明了方向,拓展了空间。几点思考如下:

在学校层面,要不要推进学校课程改革是学校宏观发展层面的问题,如何进行课程改革是学校微观层面的问题。作为学校的校长,要考虑四个方面的问题:一是学校课程的立体整合,包括国家课程、地方课程、校本课程,构建起适合学校文化发展、学校人才培养方式与需求的课程体系。二是让课程与课堂有效衔接,学科课程要在课堂内落地生根,不能把课堂与课程变成两条线,课堂是学生核心素养落地的主渠道,课程是核心素养落地的有效载体。课程所承载的核心素养要求需要通过课堂去落实,不能单纯提课堂或课程。三是课程建构要与学生需求、社会需求、国家需求相契合,不能只从某个侧面去说。四是课程评价要多样化,能够支撑起对学生核心素养的要求。德育工作必须贴近学生、贴近实际、贴近生活,而学生、实际、生活又是不断变化的,所以德育工作应常做常新。我们将坚持改革创新,通过"德育学科课程、德育渗透课程、德育活动课程"完善学校的德育课程体系,从"课堂教学、校园布置、学校活动、学生日常行为评价"等渠道,落实"社会主义核心价值体系"的内容,努力培养学生的核心素养,实现课程与德育的融合,提高德育的实效性,为学生终身发展打下坚实的基础。

玉壶存冰心，朱笔写师魂

——在研修学习中实现幸福的教育人生 ①

为全面加强天津市北辰区名师工作室建设，培养一支"师德的楷模，科研的专家，教学的名师"骨干队伍，天津市北辰区教育局和教师进修学校联合举办了教师研修活动。带着对教育理想的执着，揣着对教育实践的困惑，我义无反顾地踏上了开往杭州的高铁。

研修活动共安排了十场专题报告。十位讲师成长的共同规律为"成长＝经验＋反思＋实践"。

一、一片冰心在玉壶，我的初心我的梦

培训过程中，给我印象最深刻的是江美华老师从一名不受重视的小学科学教师成长为特级教师以及一位平凡的小学班主任成长为浙江德育名师的故事。在他们的成功经历中我们都能看到他们对自己职业的痴爱和坚守。做好一件事，追求极致所以优秀，因为专注所以专业。我们应该怎样做呢？首先是学，当才华不足以支撑起自己的梦想时，停下来学习吧！向师傅学，向学生学，向名师学，向书籍学。其次是思，我们的成长同样也需要及时整理平时的所思所想，学会反思自我。人因学会思考而不同。第三是实践，在践行中要把握三个要领：用心做事、敢为人先、抢占先机。最后是悟，为了更好地发展，要定期让自己沉淀下来，感悟总结得失。

---

① 作者马晓雪。

二、问渠哪得清如许,更新理念重科研

俗话说得好:"学无止境。"社会在进步,科学技术在突飞猛进地发展、创新,人人都需要跟上这个时代的步伐,都需要更新自己的知识。一个成功的教育者应是一个善于自我更新知识的学习者。专家们以鲜活的实例和丰富的知识内涵及精湛的理论阐述,使我对教育教学观念有了新的认识,重新审视、剖析自我的教育教学观之后,我对学生观、知识观、课程观都有了一个更新、更深入的理解。在听讲座的过程中,我一边吸收着新知识,一边静下心来反思自己以往教学中的得失。努力提升自己的学术水平,拓宽自己的学术视野需要更新理念、改善教育教学行为,把名师的教学经验内化为自己的教学行为,促进自己的专业成长和进步。

苏霍姆林斯基说:"如果你想让教师的劳动能够给教师带来乐趣,使天天上课不至于变成一种单调乏味的义务,那你就应当引导每一位教师走上从事研究这条幸福的道路上来。"教师应该像苏霍姆林斯基、陶行知那样学会思考,勤于思考,善于思考,不断把自己在教育教学过程中产生的想法和感悟记录下来,经常反思和总结。通过培训,我增强了从事教育科学研究的意识。教师以研究者的眼光去审视、反思、分析和解决自己在教学实践中遇到的问题,落实知识与技能、过程与方法、情感态度价值观三位一体的课程功能,把日常教学工作与教学研究融为一体。在这个过程中,教师由单纯的教学者成长为研究型、专家型的教师,由"传道、授业、解惑"者变为"学习型"教师。教师做好科研、反思,前提是学习。教师不能一味低头教书和批改作业,应当一步步地实现教师专业提升。要成长为一名专家型教师,教育科

研是我们成长的必由之路。

三、衣带渐宽终不悔,保持初心爱教育

做好老师,要有理想信念、道德情操、扎实学识、仁爱之心。作为一名教师,只有有价值才能有地位。教师的价值体现在其足够专业,常人不可替代。中国目前不缺教知识的老师,缺少的是真正懂孩子、懂教育、成就孩子人生的教师。作为新时代教师,应该不断地学习成长,发展专业,先温暖自己,再照亮别人;应该因材施教,唤醒家长,协作共育;应该不忘初心、牢记使命,爱岗敬业,知行合一,尊重每一个生命,关爱每一个学生。

囊萤映雪功夫在,鲤跃龙门万里程

——2019 年刘福颖名班主任工作室访学研修总结①

在 2019 年的初夏,我有幸成为刘福颖名班主任工作室的一员,这给了我成长的机会。在 2019 年的盛夏,我有幸参加了北辰区教育局和教师进修学校联合举办的名师工作室学访研修活动,这给了我汲取知识养分的机会。

学访活动非常充实,十场专题报告令人回味无穷。最使我难忘的是江美华老师为我们带来主题为"一位小学科学教师的专业成长与师德感悟"的讲座。江美华老师从学、思、践、悟四个方面为我们分享了自己一步一步走向成功的经验。

随着社会的发展,人们生活水平的提高,人们在物质生活得到满足的前提下,越来越重视心理健康问题,作为教书育人的教

---

① 作者于昕轶。

师更不例外。浙江大学宁波理工学院的贾小鹏教授为我们带来主题为"教师的情绪管理与有效沟通艺术"的讲座。

除了专家们的精彩讲座，进修学校还安排了每个工作室每天进行学习总结小汇报，老师们的汇报小而精，可谓精彩无限。苗芊工作室的浦欣老师从心理学角度谈专注力对教师的重要性，林茂工作室的田敏老师使用鱼骨分析法破解教师成长的困惑，季树涛工作室的李莉老师从工作室的宗旨和实现途径分析了名师工作室的日常。李伯生工作室的亓凯老师梳理了每天的听课笔记，并把"悟天下理，理天下物"作为学习的目标。刘福颖名班主任工作室的赵良珍老师，从一位扎根边远校的一线教师的角度与大家分享了自己这几天的收获。赵毅清老师为大家展示了自己的听课笔记，给在场的学员带来了极大的震撼和启发。刘凤伟工作室的刘老师作为幼教的代表，讲述了这次学习的收获，并结合幼儿园工作特点，对今后的工作提出设想。参训期间，李伯生校长在每场培训结束后，都用一首小诗描述专家的特点，这一举动也点燃了其他工作室的"诗情"，每天都有诗作"互和"，为培训增添了乐趣。

通过为期一周的学习，我更加懂得，我们要不断将工作和学习的经验整理成系统的方案集，供自己备用。敢管学生只是"有勇"而已，作为新时代教师，我们更需要的是"有谋"，改变刻板的管理模式。

名师工作室这个新家庭是我的一个新起点，这次学访培训为我们指明了前进的方向，为我们提供了很好的成长契机。只有不断下功夫锤炼自己教育教学的艺术，增长自身的才干，才能努力书写出灿烂美好的未来。

三尺讲台化舞台,舞蝶飞扬育桃李

——刘福颖名班主任工作室访学研修体会①

2019 年 7 月,天津市北辰区名师工作室成员到杭州参加封闭培训。在此次培训中,赵国圣老师、西北师范大学赵鸿章老师、桐乡三中朱永春老师、仙居县教研室张志伟老师、浙江省金华师范附小特级教师江美华老师、浙江大学宁波理工学院贾小鹏教授、浙江省名师工作主持人朱湘妹老师、高级中学汪纪苗老师、马山县教研中心黄秀德老师、湖北省武汉市中小学名师工作室总负责人李莉老师分别从教育理念、课堂教学、班级管理、现代技术和工作室建设等多个维度进行阐述和分析。各位老师不仅自己十分优秀,还一直在教育的道路上不断地学习、思考,一刻没有停止过。在此次培训过程中,我的收获有以下几点:

一、加强教育教学研究,做一名具有专业素养的教师

(一)钻研教法,形成特色

作为教师,我们应该立足课堂教学,不断研究,不断探索,不断在实践中丰富实践,形成自我的教学主张和教育思想。我们知道,很多名师教学都有自己的特色,没有一位名师是照搬他人,没有自己的创新的。金华师范附小的科学特级教师江美华老师在专业上进步有四字诀"学、思、践、悟",在每节课后都写教育叙事、教育反思,经过长时间的积累他便形成了自己的教学特色。江美华老师勇于带孩子们去拥抱自然,让大家在游戏和生活中感受科学,在孩子们的心中种下科学的种子,这就是他区别

---

① 作者赵海萍。

于其他科学老师的地方,也是他的特色。

作为偏远校的初中数学老师,要想让自己在教育教学中有新的突破,就要针对自己所教的学生特点,研究符合他们的教学方法。工作十一年来,我在教学中总结出以下两种教学方法。

首先,每学期的第一节数学课我都会带领大家学习目录,从整体感知章与章之间的关系,节与节之间的关系,让学生们感受章节之间的内在联系,这样对于大家弄清章节之间的关系会有很大的帮助。经过一系列的引导启发后,孩子们对整本书或者对某个章节就会有印象,教学导入不生硬。我们知道数学知识不仅是公式的教授和图形的认识,数学是一门独特的语言,是一门科学。我们要培养孩子们用数学语言描述世界,用数学思想思考问题。

其次,"问题情境—探究问题—讨论问题—解决问题—反思问题"是我的几何课的上课模式,"问题情境—创建模型—分析模型—应用模型—反思模型"是我的代数课的上课模式,这两个模式适合我的学生。从初一开始使用这两个模式,学生们逐渐能够领会老师的用意,分析问题、独立思考的能力均有所提高。

(二)价值问题,推动课堂

真正的问题来源于课堂,来自真实的思考。作为教师,我们应该用有价值的问题引领学生探究,在积极的思考中不断完善想法,在积极的思考中启迪智慧,促进学生发展。用有价值的问题引领学生的发展,需要教师有足够的智慧进行思考,在不断的探究中提升学习的效果。学生的思维是多元的,突出的个性使学生有许多独特的想法。学生回答问题时答案不对或者和我们的预期有偏离,作为教师我们不应急于评价,而应该引导学生说一说他的具体想法,在聆听中找出问题,进行深度思考,在思考中找到解决问题的办法。教师只有了解学生的真实想法,才能够因材施教,使教学更有效。

(三)智慧思考,提升素养

苏霍姆林斯基说过:"只有能激发学生去进行自我教育的教育才是真正的教育。"教是为了"不教",管是为了"不管"。我们要思考自己教给学生的到底是数学知识还是数学思考能力,是数学公式还是学习数学的兴趣。例如在学习勾股定理时,一般教师会启发学生用几种不同的办法来总结出勾股定理,但我认为这远远不够。我会让学生通过查阅资料了解勾股定理的起源、勾股定理的意义以及其在数学界的地位。只有把这些给学生们讲透了,他们才会明白为什么我们要学习勾股定理。引导学生学习勾股定理是几何学习的开端,让学生体会数形结合的重要思想,能够让学生清楚知识的前后联系。如果我们每节课都能够这样开展,让学生去琢磨、探究,让学生发自心底地热爱数学、热爱思考,那么无论未来他们遇到何种挫折,他们都能探究解决。知识是教不完的,唯有思考问题的方法和解决困难的意识能伴随他们成长,只有这样才能提升学生们的个人素养。

二、聚焦德育与教学的结合,做一名智慧型的班主任

培训过程中,桐乡三中的朱永春老师用了一张幻灯片讲了三个小时。朱永春老师和朱湘妹老师都是浙江省的名班主任。他们的共性是爱阅读、爱思考、爱写作,将德育结合学科教学,悄然无声地滋润孩子们的心田。

当了十年的班主任,我最大的感受是班主任要做到"两无"。这"两无"指的是班主任的眼里既不能有小事,也不能有大事。处理班级突发事件时,再小的问题都要认真处理,把事件背后深

层次的问题搞清楚,以防问题变得更加严重。但再大的问题作为班主任也要沉着冷静,不能自乱阵脚,在眼里把它看成小事,理清思路,理性处理。

"预、遇、育"这三个词如果我们能做好,那么班主任的工作一定会越干越喜欢,越干越轻松。"预、遇、育"这三个字能衍生很多词语,如"预见、预想、预防""遇见、遭遇""教育、美育、德育、心育",等等。将德育与教育教学相结合,既能够让学生学习知识,又能让学生明白道理。

在举办班里活动时,我总在想哪些活动能真正帮助孩子们,能让他们遇见更好的自己,而不是搞形式主义。我发现自己的好多知识来源于阅读,通过阅读,各方面的知识都能积累起来。我便给学生们创造阅读的机会。我在班级里开展"每日一播"活动,每天请一个学生拿着自己在前一天精心挑选的新闻为大家大声朗读,其他学生则可以提问题。这样一来,每个孩子都能成为一天的主播,这培养了他们的语言表达能、分析总结能力,促进孩子们之间的友谊,给他们表达思想的机会。每个事件都能成为新闻,都有它的价值,这些都是德育与教学结合的好契机。学生阅读能力、表达能力、总结能力提高了,语文成绩自然而然就会有所提高。

三、提高教育教学中的信息技术与技能,做一名与时俱进的教师

在信息不断更新的时代,作为教师,除了学习之外,我们还要与时俱进,不断利用信息技术改变课堂。赵国圣老师在培训中曾经提及没有老师愿意去偏远地区上课的现象,对此,信息技术、网络在线教学可以很好地解决这一问题。信息时代,各个学

科、各个章节的优秀课在网络上都可以找到,网络教学对于具有很强的优势,我们教师一定要有危机意识,不断地与时俱进。

作为一线教师,我们应该立足实践,将信息技术的更新为教学所用,使我们的教学更加开放,使课程更适合学生的发展。这样能够使教学更加个性化,教学资源更加丰富,学习更加开放。教师应不断地思考自己的教学应该如何有效地创新。

启示一:网络改变了学习方式和教学方式。

"互联网+"的时代,教学强调让先学成为现实,学习的方式有许多种,不再局限于老师用粉笔、黑板进行教学了。我在课前利用过"洋葱数学"、微课教学,吸引学生注意力,启发他们思考,教学中利用希沃白板进行实时投影,随时更正,课后利用"极算数学"软件,通过大数据掌握学生做题情况,大数据提升了效率,使教学更聚焦问题,在不断解决问题的过程中我们能够将课堂教学推向深入,在解决问题过程中提升学生的学习质量。聚焦问题使教学更加理性,更能凸显学习的价值和意义,更能抓住核心,引导学生进行探究和思考。

启示二:信息技术更好地将知识体系转化为教学体系。

借助现代信息技术和人教数字教材软件,我们能更好地将书本中的知识转化为教学体系。数字教材不再是单纯的课本,它的出现将静态的知识转化成动态的视频资源,能够引领学生进行智慧学习,直观理解问题。这样的转化也是教师利用信息技术提高教学质量的有效手段和方法。

从学习与教学的层面看,信息技术正在改变教学手段、教学资源、教学方法和教学理念。教学方法的变革必须以学习方式的变革为前提并与之相匹配,管理方式的变革必须服务于学与教方法的变革。现代信息技术可以赋予学生更多的自由,把知识传授的过程放在课堂外,让大家选择最适合自己的方式接受新知识。

四、钻研教研课题方案的规划与设计,做一名科研型教师

张志伟老师的讲座"教研课题方案规划与设计"和黄秀德老师的讲座"研训一体化",促进了我对科研意义的思考,也让我希望自己能够成为一名科研型教师。

通过教育科研,教师能够学会用研究的眼光审视教学,不断提升教育教学质量。教师有了科研意识,才会在教学中进行理性审视,教师有了科研意识,才会在教学中不断成长,在不断解决问题的过程中提高教学质量。例如,我们在做课题的时候其实研究的是一个很小但很实际的问题,我们需要用心地去研究,整理数据,阅读书籍,思考探索。在这个过程中,教育教学水平和科研水平一定会有所提升的。研究使我们从优秀走向卓越,在个性化的研究中,教师能够遇见更好的自己。

五、管理好情绪,积极沟通,做一名艺术型教师

贾小鹏教授的讲座"教师的情绪管理与有效沟通艺术"让我受益匪浅,尤其是他提出的情绪管理方法"三三三"战略(三小时、三分钟、三秒钟)。对于改变不了的事情,我们应该把情绪影响控制在三秒钟。教师在班级管理中会遇到很多问题,对于任何学生我们都应该做到不放弃、不抛弃,更不能生气。一旦控制不好情绪就会产生一系列的问题,坏情绪对于问题的解决丝毫起不到作用。有效的、有技巧的沟通能够让我们成为艺术型教师。

作为教师,我们只要用心,就会有思考,只要思考,就会在实践中不断前行,不断总结和提升。我们应该让自己慢下来,去思

考、研究、阅读、记录、修整、实践,做一名有专业素养的集智慧、艺术、科研于一身的人民教师。

我们不一样

——刘福颖名班主任工作室访学研修总结①

暑假伊始,天津市北辰区名师工作室成员一同来到了美丽的杭州,参加培训学习活动。十场报告场场精彩,但是每位优秀的老师都"不一样",因为每个人都有不同的境遇。

一、我们不一样

带有传奇色彩的朱永春老师讲述的自己的经历,让我看到了自己的影子。朱永春老师成为名师,个人的专注力和学习力起到了非常重要的作用。

我现在工作起来显得有些忙乱,做许多事情时计划性不强,不能集中精力做一件事,造成了注意力的分散,因此很多工作都不能达到既定的目标。缺少学习也是制约自己发展的重要因素。与朱永春老师不断地进修、提升专业能力相比,自己明显还有较大的提升空间。因此树立"终身学习"的观念,不断更新自己的知识,拓宽自己的知识领域,非常重要。

"刘福颖名班主任工作室"在暑假安排了阅读分享活动,我阅读了《班主任的微创意》,收获颇多。通过这次学访中对朱永春老师成长的感悟,我坚信自己虽然起点较低,但是通过实践工作能不断充实、提高自己。

---

① 作者赵良珍。

二、我们都一样

整个培训过程中,我最关注各位优秀教师对班主任工作的讲解。我认为,好的班主任实质都是一样的。

(一)爱是教育永恒的主旋律

作为班主任要爱学生,对于每一个学生都应像对待自己的孩子一样来关爱。我们要用真诚的爱去感化学生,触动他们的心灵。在学生犯错时,要动之以情,晓之以理。对于留守儿童和学困生,我们要尽一切努力,给他们爱,给他们尊重,给他们希望。不仅教师应该这样做,还要教育其他学生这样做,要学会欣赏学生,发现他们的闪光点。班主任应用自己博大的爱心关心爱护自己的学生,让孩子们时刻感受到自己是生活在爱的家园里的。"亲其师,信其道。"这样教师教育管理起学生来就能达到事半功倍的效果。

(二)建立良好的师生关系

班主任对全班所有学生都要一视同仁,公平对待,不能歧视任何一个学生。班主任要学会换位思考,替学生着想。在教育学生的过程中,要多考虑事情发生的来龙去脉,想一想自己在与学生同龄时的行为与想法;正确把握学生行为的性质,分清学生是故意的还是无意的,是恶意的还是善意的,要从有利于学生的健康发展出发,选择合理的解决问题的方式与方法,不能简单粗暴地伤害学生。在课余时间,班主任要走到学生中,到学生宿舍中去,到学生食堂中去,与学生平等交流,营造平等的气氛,让师生关系更加融洽。

(三)用人格去影响学生

教师的言行对学生有潜移默化的影响。班主任是班集体的教育者、组织者和指导者,是班级工作的主要实施者,在班集体建设中起着主导、决定作用。如果我们能以自己的人格品质吸引学生,令学生钦佩,那么,我们的班主任工作就已经向成功迈进了一大步。学生退步了,送上一句鼓励的话;学生学习遇到困难,给予耐心的帮助与辅导;对缺少家庭温暖的学生,送去体贴的关怀……这些看来虽然都是小事,但教师的人格魅力就体现在这些小事上。

(四)做好家校联系

孩子的进步,集体的成长,离不开教师,也离不开家长。要教育管理好学生,做好班主任工作,除了要做好学生的教育、管理外,还要做好家长的工作,要与家长及时联系,取得家长的支持与配合,这样校内外结合,双管齐下,才能把学生教育好。因此,在班级管理中,班主任要经常和学生家长进行沟通,共同关心和教育儿童。

具体细致、琐碎繁杂的班主任工作需要我们用积极认真负责的态度来面对。做一名班主任,就要做到"教学生一天,想学生一生",这样才能把工作做得更好。

第二节 "责任"主题体验式班会设计

【案例一】体验式主题班会课在班级管理中的运用①

主题班会是班级管理中开展思想教育的一种形式,班主任通过主题班会达到教育学生的目的。新形势下的主题班会必须加强学生的自我教育。体验式主题班会以活动为主线,在主题班会中通过"设计"活动内容,让学生在活动之中学习、体验、分享、总结,从而激发学生兴趣,达到教育学生的目的。

一、体验式主题班会的产生

主题班会场景一:一位班主任在讲台上引经据典,滔滔不绝;讲台下学生正襟危坐,表情木然。主题班会场景二:操场上,班主任与学生共同参与"追球"游戏。他们时而你追我赶,时而席地而坐;时而你争我辩,时而静心感悟。

从这两个主题班会的场景来看,两位班主任都做了充分的准备,可从学生的主体参与、情感体验上来看,第二个场景的效果要更好一些。第一个场景中的主题班会灌输与说教倾向很严重,较少关注学生的情感体验,忽视了学生的"认同感",学生成为被动的受教育对象。而第二个场景中的主题班会坚持学生教育的主体性,强调"以学生为本"。体验教育强调要保证学生的

---

① 设计者:教师蒋巨星。

主体参与,让他们在教师的主导下自组体验团队,主动参与体验活动,成为主题班会真正的主人。由此,在班主任的组织和引导下,通过学生的自我实践和情感体验塑造健康人格的体验式主题班会便应运而生。

二、体验式主题班会的特点

(一)亲历性

主题班会中的"体验教育"强调"以身体之,以心验之",即学生从行为和情感上直接参与"行为体验"全过程,通过自身的体验和亲身经历来感悟、获取人生的启迪。

(二)个体性

主题班会中各参与者之间存在很多差异,大家兴趣爱好各异、生活经验不一、感悟能力不同。即使对同一事物、同一行为,不同的主体也会有不同的认识,产生不同的情感。然而个体性的体验是可以分享的。正因为学生间体验存在差异,他们之间才有交流和分享的必要和可能。不同的方式,不同的感受,不同的体验,经过交流与沟通能碰撞出心灵的火花。

(三)先行后知

实践出真知。"体验教育"与"传统的道德说教"的本质区别在于:传统的道德说教以教师为中心,强调对受教育者程式化的道德灌输;行为体验教育则以学生为中心,强调学生在具体的行为活动中通过体验来认知真理。

(四)寓教于乐

主题班会中的"体验教育"使教师抛弃了生硬的道德灌输,将一些人生道理融入能激发学生兴趣的活动之中,让学生在体验中获得快乐,在快乐中感悟人生哲理。

三、体验式主题班会的流程设计

基于"体验教育"的四大特点,主题班会可分三个步骤进行设计。为了便于对"体验教育"的流程设计的阐述,此处以"我真的很不错"主题班会为例进行说明。

第一步,精心设计体验活动,创造行为体验情境。

体验的产生首先缘于体验者对体验对象有了切身的感受,因此,亲身经历和直接经验对于体验的形成具有特殊的意义。在主题班会前,教师要根据教育主题需求和学生身心特点,从教育主体的兴趣出发,精心设计体验活动,吸引学生参与到活动中,让学生真实体验,获取人生的感悟。

第二步,认真组织行为体验,激发主体的参与热情。

现代科学研究证实:听到的资讯,我们能学习到 15％,但体验过的事情,我们却能学到 80％。因此,活动效果的取得取决于学生的参与程度。在主题班会上,班主任要努力激发学生的参与热情,适时引导学生以"观察、行动、反思、沟通"的方式愉悦地投入活动之中,获得即时的感受,积累起一些感性的"体验"。

如在"我真的很不错"主题班会中,教师将彩色卡纸剪成了圆形、方形、三角形,让学生自己选择喜爱的颜色的图形,然后让选择同一颜色的同学组成一组,再用他们各自手中的卡片合作拼图。学生们不仅拼成了"太阳从海面升起""愤怒的小鸟""小人手拉手""笑脸"等,而且都赋予拼图很深的寓意。在这一环节同学们的想象力和语言表达能力得到了淋漓尽致的展现。整个拼图过程,学生参与的热情都很高。尽管拼图不尽完美,但大家在过程中获得了真实的感性体验。

第三步,引导主体分享交流,整合提取行动收获。

体验教育的落脚点不仅仅在于教育主体个体的感性体验。美国教授大卫·库伯认为:有效的学习应从活动开始获取感受,进而发表看法,然后进行反思,再总结形成理论,最后将理论应用于实践。体验教育在学生心中积累起的感性的"体验"不会随着时间而消逝,这种意识会在特定的情境下被激活,使个体产生特定的体验。因此在行动体验结束后,班主任还应组织学生分享、交流活动中得到的启发,来唤醒学生内心深处的"体验"。分享、交流后,引导同学们整合"体验"、提炼共鸣点,运用具有启发性的语言,帮助同学们进一步认清体验中得出来的结果,使之形成共识,从而达到主题班会"启迪人生,塑造人格"的教育目标。

四、体验式主题班会在心理干预中的运用

心理干预是指在心理学理论指导下有计划、有步骤地对一定对象的心理活动或心理问题施加影响,使之朝预期目标变化的过程。心理干预包括健康促进、预防性干预、心理咨询和心理治疗等。心理干预"可以推动困惑者积极地认识自我,反省自我,进而提高其自信心和生活的智慧","可以形成积极的团体压力,建立良好的团体规范,树立团队精神和整体意识",因此在班级管理中具有重要的现实意义。

选择合适的方法和途径对学生个体或群体进行心理干预,是心理干预有效性的重要保障。体验式主题班会在心理干预上具有独特的优势:容易消除干预对象的心理戒备;由干预对象自主完成心理调节,具有更高的效度;形式多样,可以针对不同的干预目标选择适合的组织形式;"从众效应"促使干预对象倾向将目标作为自己的优势观念或行为方式。

如在"另一个我"的主题班会中,借助"优点轰炸"游戏,班主

任可以在看似不经意间选择一名自信心匮乏的成员作为"轰炸"的对象,由其他成员逐一说出成员的某一优点,促使干预对象从不同的角度重新审视自我,在看似玩乐中让干预对象的心理天平向积极方向倾斜,也让其更乐意与其他成员交往,形成良性循环。这种在"体验"中完成的"自我教育"和"自我修正",能够使学生有效地提高自信心和生活的智慧。

五、对主题班会中实施"体验教育"的点滴思考

(一)树立"以教师为主导,以学生为主体"的观念是开展体验教育的前提

班主任是行为体验的"主导"者,而学生是行为体验的主体。要想发挥行为体验教育在主题班会中别具一格的魅力,班主任必须更新教育观念,实现变"埋怨、责怪"为"期望、鼓励",变"灌输观念"为"体验理念"。人是教育的对象,教育是塑造健康人格的实践手段,行为体验教育充分体现了这一要求。

(二)相信学生是行为体验教育的核心

人的潜能是巨大的。学生的潜能集中体现在每个学生都有自我实现的欲望,都有成功的机会和可能性。在主题班会中,行动体验的设计非常重视这一点,充分肯定学生潜能,使每一个学生都能在行动中感到自身的价值。

(三)和谐的心理氛围是体验教育的关键

宽松、和谐的心理气氛对人的情绪影响很大。师生间的默契、同学间的和睦,都会带来愉悦的心境,都有利于行动体验的开展,有利于激励师生共同在行为体验教育中成长。

综上所述,主题班会应以学生为主体,充分让学生在行动中体验,在体验中感悟,在感悟中成长。行为体验教育正是其中的

一种方式,它能让我们的主题班会更具魅力。

【案例二】"做一个有责任感的人"主题班会设计①

一、主题班会设计背景

2020 年的春节让我们深深懂得了生命的宝贵、责任的重大。来自全国各地的医务工作者们援鄂抗"疫"。如若没有他们的勇于担当、舍生忘死、负重前行,就没有大多数人的岁月静好。突如其来的疫情打乱了我们原有的生活节奏,教师可以战"疫"为契机,开办"我的责任"主题班会,引导学生养成健康的生活习惯,学会珍惜生命;弘扬战"疫"精神,培养学生的家庭责任感、社会责任感和国家责任感,帮助学生们形成社会规范意识。

二、主题班会目标

通过主题班会活动,使学生懂得勇于担当是中华民族的传统美德,并了解责任的含义,树立良好的责任意识,为自己的行为负责,做有责任的人。

三、主题班会流程

(一)请同学们共同观看视频《你的样子》,通过讲述故事,导入班会主题

1. 学习并了解"逆行者们"践行的责任

教师导入:"在抗击新型冠状病毒肺炎这场战'疫'中,所有'逆行者们'都值得我们尊敬,他们是白衣天使、是志愿者、是小

---

① 设计者:教师赵汀。

区防控员,等等。他们或运用自己的专业知识与技能,或志愿参与疫情防控,付出了时间、精力甚至生命。我们应该给予这些美丽的'逆行者们'掌声,向他们致敬。这些'逆行者'践行了哪些责任呢?"

学生可能产生的回答:"坚守岗位职责、救死扶伤、舍小家为大家……"

教师:"医务工作者冲锋在前,彰显了敬佑生命、救死扶伤的职业精神;志愿者无私付出、勇担社会责任,彰显了奉献精神;党员同志积极响应党的号召,迎难而上,面对危机,彰显了担当精神……正是由于他们的付出,我们才能够更加坚定共克时艰的信心。"教师通过解说,激发学生的责任感与使命感。

2.学习模范,感受大爱

教师导入:"在这场战'疫'中,涌现出很多值得我们学习的榜样,让我们一起了解他们的故事,看一看他们是如何践行责任的。"

就读于上海师范大学第二实验学校六年级的小夏的母亲是上海交通大学医学院附属仁济医院的一名护士,她第一时间响应号召志愿前往武汉抗击疫情。小夏母亲出发当天,小夏凌晨三点就起床了。他在母亲出发前说道:"妈妈,你要平安归来,我每天会认真完成作业,照顾好自己,等你回来。"在这之后的十天里,小夏每天都会履行他的诺言,但是却一直没能联系上母亲。小夏为此忧心忡忡。直到第十一天,小夏母亲终于打来视频电话报平安。小夏喜出望外,当他看到母亲脸上留下的勒痕,心疼不已,瞬间流下了眼泪……

教师提问:"小夏的行为体现出他拥有怎样的家庭责任感?"

学生可能产生的回答:"小夏努力学习,不让母亲操心……

他非常支持母亲救死扶伤的工作……"

教师总结:"小夏照顾好自己和家人,用良好的学习态度默默地支持着母亲的'逆行'。"

钟南山院士团队在 SARS(非典型肺炎)阻击战和抗击新型冠状病毒肺炎疫情中都第一时间奔赴前线,为国家做出了巨大的贡献。面对网上不断传出各类"已找到病毒宿主""已研发出疫苗""已到疫情拐点"等消息,钟南山院士秉持科学的态度和严谨的作风对这些言论进行回应,提醒专家们要为自己的言论负责,因为这关乎老百姓的身体健康和生命安全。

教师提问:"钟南山院士是一位怎样的科学家呢?"

学生可能产生的回答:"尽管年迈却奋战在战'疫'一线,勇挑重担,医术高超。""钟南山院士用科学严谨的态度和方法为战'疫'提供技术支持,为民众树立信心。"

教师总结:"钟南山院士在国家危难时刻勇挑重担,为人民树立了信心和榜样。他和他的团队用严谨的科学态度为战'疫'助力,彰显了'逆行者'的伟大。"

2020 年春节期间,全国人民在抗击新型冠状病毒肺炎疫情时"同舟共济,共克时艰"。一些出租车司机每天志愿前往医院接送医务人员;许多小区实行封闭式管理,市民们主动配合,减少非必要的外出;所有公共场所的服务人员、警察、城市基础建设维护人员等都积极配合"凡进必测温,凡上岗必防护"的防疫措施;各行各业的党员同志们身先士卒,听从调遣,到人手紧缺、存在风险的岗位上发光发热……

教师提问:"全国人民在各自岗位上是如何承担起国家责任的?"

学生可能产生的回答:"大家各司其职,共同守卫了城市的安全,保障了居民的安康。"

教师总结:"以上三个案例让我们看到同学们的同龄人做力所能及的事支持家人参与抗击疫情;钟南山院士用高超的医术水平精准施救;全国人民在各自岗位上践行各自的责任,大家携手抗击疫情。"

本环节旨在引导学生通过分析同龄人、钟南山院士、全国人民共同战"疫"的案例,感受中国人民为践行家庭责任、社会责任和国家责任做出的贡献以及团结一心、共克时艰的精神力量。

3. 从小学先锋,长大做先锋

教师导入:"接下来请大家分组讨论,当下我们应该如何践行家庭责任、社会责任、国家责任,支持战'疫',弘扬正能量?"

学生可能产生的回答:"养成良好的作息习惯,做力所能及的事,通过写黑板报、发微博等方式宣传战'疫'中的感人故事,传递正能量。""我们要勤于锻炼身体,积极参与劳动,上课认真听讲,努力做好每天的预习、复习,乐于助人,争做德、智、体、美、劳全面发展的学生。"

教师总结:"让我们再次回顾视频中出现的人物,希望大家通过讨论学习,可以用自己的方式,做力所能及的事来承担起家庭责任、社会责任和国家责任,从小学先锋,长大做先锋。"

本环节旨在引导学生从榜样人物的事例反思自身,聚焦自身发展,认识到践行责任的重要性,思考自己应尽的家庭责任、社会责任和国家责任,激发学生践行责任的动力,勉励学生从小学先锋,长大做先锋。

(二)说责任、负责任

在这一环节,教师与学生共同讨论作为儿女和学生的责任。班会主持人(非教师)进行点评。

1. 作为儿女的责任

师生共同观看视频《有爱就有责任》。

教师:"看了这个视频,大家作为儿女打算担负起怎样的责任呢?"

学生发言,主持人做点评:"作为家庭的一位成员,不应单方面要求得到家庭的保护,而必须对家庭负责、对父母负责,使家庭美满幸福、父母愉快健康。"

2. 作为学生的责任

师生共同观看小品《晨读之前》。

小品表演:晨读前的教室里,有些同学围在一起谈论明星,有些同学大谈打游戏的心得,有些同学在一起讨论难题,有的同学在补昨晚未做完的作业,有的同学干脆抄起了作业,有的同学在埋头看武侠小说,有的同学在看卡通小人书,有的同学在认真读书,等等。"老师来啦!"人人都坐得端端正正的,面前摆出了英语书,读书声随之响起。

教师:"感谢以上同学的表演。当局者迷,旁观者清。下面请同学们谈谈小品中有哪些好的行为值得我们学习?哪些是不负责的行为?大家会给他们提出什么建议?"

教师:"班级是我们共同生活和学习的家园,良好的学习氛围可以带给我们快乐,使我们健康苗壮成长,我们应该担负起一个学生应该尽到的责任。生活的美需要我们去寻找。同学们,你们平时留心观察过我们身边一些富有责任心的同学吗?请大家联系实际,列举班级责任心强的同学的典型事例。例如随手捡垃圾、随手关灯、关风扇,爱护花草树木、帮助同学解决难题,等等。"

班会主持人:"小事显责任。同学们平时做得虽然都是微不足道的小事,却也能体现出一个人那份可贵的责任心,折射出一个人闪光的心灵! 我们要向这些同学学习!"

3.家长说责任

教师:"让我们听听家长们怎样谈责任。"(播放预先录制的家长发言的视频)

4.老师谈责任

班主任:"我觉得一个人的主要责任在一生中是不断变化的,当我还是学生的时候,我的责任就是努力学习,为日后工作练就本领。现在我踏上了工作岗位,成为一名教师,我的责任是教书育人,带领同学们汲取知识的营养,走向成功之路;作为一名妻子,我的责任是和丈夫一起撑起一个家,为孩子营造一个良好的学习环境;作为父母的女儿,我的责任是孝敬父母,尽我所能让父母安享晚年;作为一位母亲,我的责任是教育好我的女儿,让她以后成为社会的有用人才。所以,我们都是背负着责任的,都应该担负起自己的责任。"

(三)宣誓

班会主持人:"责任就像空气和水,是一个人生存的基础,也是我们生活在世上的意义所在。责任感是一个人的灵魂,人没有了责任感就没有了灵魂。让我们一起承担起我们应尽的责任,请团支部书记带领大家宣誓!"

团支部书记:"全体起立! 请握起右拳,面向国旗,庄严宣誓:我宣誓,从今天起,做一个有责任感的人,热爱集体,团结同学,孝敬父母,尊敬师长,用行动诠释责任,用责任完善自我。我坚信,我一定能做到!"

团支部书记:"宣誓完毕,大家请坐。"

(四)教师总结

教师总结:"同学们,我为大家出色的表现感到欣慰和高兴。相信同学们在班会进行的过程中已经找到了关于责任的答案。责任是大家日后立足于社会、获得事业成功与家庭幸福至关重要的品质。我们要有责任意识,要勇于承担责任。当然,我们更要具备承担责任的能力。能力从何而来? 就从我们现在学习和生活中点点滴滴的平凡小事中来,我们要做的就是好好学习,提高知识储备,积极主动地寻找机会锻炼自我,为将来承担更大的责任做好准备! 老师相信,只要大家用心做好每一件事,就一定能培养起自己的责任心,让我们携手共进,从自我做起,从小事做起,做一个有责任感的人,这样我们才能收获一个精彩和亮丽的人生!"

(五)活动延伸

请同学们根据课堂讨论内容,给"逆行者"写一封感谢信,表达对他们的感恩和祝福,并分享自己对未来职业的向往和追求。

活动延伸旨在引导学生进行生涯规划,将对学生今后的学习与生活产生一定的引领作用。

(六)活动反思

主题班会通过视频、小品表演、讲故事等多种喜闻乐见的形式帮助学生深刻领悟责任的内涵和重要性,切实使学生们懂得自己要从现在做起,从平时的一点一滴做起,负责任地对待自己身边的每一个人、每一件事,养成良好的道德行为规范,继承和发扬中华民族的传统美德,用自己的实际行动成为有担当、有责任感的栋梁之材。

【案例三】"心怀责任，勇于担当"主题班会设计①

一、主题班会设计背景

在 2020 年初，我们全国人民都历经了一段不平凡的时光。新型冠状病毒肺炎给社会生活带来了巨大的变化，也让所有学生真实体验了个人与社会的关系。在这段时间里，有保家卫国的逆行者们冲锋在前，为人民健康日夜奋战，也有普通百姓为抗击疫情奉献自己的力量。对于教师而言，这次突发公共卫生事件中出现的各种社会现象和学生的所见所闻所感正是开展人生教育的重要素材。抓住这一教育契机，能够引导广大青少年树立正确的人生观和价值观。"心怀责任，勇于担当"这八个字对学生来说并不遥远，这样的事例就在眼前，就在身边。

二、主题班会目标

通过主题班会，让学生与"责任"面对面，认识责任，体验责任，树立责任心，并立志成长为一名能够心怀责任、勇于担当的新时代好少年。

三、主题班会流程

(一)认识责任

故事一：坚持到最后一位病人出院

坚持到最后一位病人出院，这是张倩抵达武汉后说得最多的一句话。当时，张倩所在的江苏省人民医院整建制地接管了

---

① 设计者：教师李珊珊。

武汉市第一医院的重症监护病区,老年医学科的张倩和队友们负责其中 61 位老年患者。老人们在夜间病情变化快,张倩总会提前出发去医院。

有几天,3 床的患者周阿姨情况不太稳定,住在同一层楼轻症病区的老伴一直惦记着。张倩知道后,就提前拿手机录下一段周阿姨老伴的视频,晚上一接班就给周阿姨播放,让老两口都能安心。

5 床的傅阿姨女儿住进了方舱医院,想起还在酒店隔离的小外孙,傅阿姨就吃不下饭。张倩查房的时候,嘱托护士给老人换上了甜味营养剂,在询问病情后张倩总是留下来,多陪老人聊聊天。

常常帮助,总是安慰。当年张倩备战高考时遭遇"非典",医务人员舍身救人的场景感染了她,她便报考了医学院。生命至上,努力救更多的人是张倩的初心。张倩只是一名平凡的护士,但却在平凡的岗位上做着不平凡的事。

故事二:群众眼中的"门神"

村干部就是村子的守护者。"在网上看到有个比喻很形象,我们就像村民家里门上过年贴的'门神',我们替村民把好这个门,把疫情关在门外。"党总支书记宣义剑开玩笑说。比喻固然形象,玩笑也很轻松,但责任很是沉重。村民群众自我防护意识不强,"我们当'门神',村民就要自觉关门,我们不仅要防控疫情,还要看住村民,让疫情不在这里传播。村民群众自我防控意识至关重要,一定要发动群众,共产党人的法宝就是依靠群众。疫情防控,贵在群防群治,群众不参与,疫情难根除。村居干部在镇党委政府领导下,扎扎实实做好舆情引导、防疫宣传,村上大喇叭喊起来,小喇叭动起来,横幅拉起来,宣传海报贴起来,手机用起来，抖音短视频、微信发起来，能用的宣传手段一样不落"。持续的宣传之下，村民群众的自我防护意识不断增强，大家纷纷响应，主动参与，采取各种方式，严防人员流动，取消各种宴会、聚会、集会，宾馆、餐馆、网吧、菜市场等全部关停，村干部要到所辖的自然村开展排查检测，都要提前跟村里人申请。

教师总结："这就是我们亲身经历的事，不管是大城市，还是我们的小村庄，大家都在国家的领导下团结一心，共抗疫情，这体现了我们中华民族的团结！"

教师："我们的国家之所以伟大，不是因为有多少伟人和英雄，而是因为每一个平凡岗位上的人都有责任，有担当！面对新冠肺炎疫情，我们毫不惊慌，因为我们所有的医护人员正在用自己的生命奋战，保障我们的健康；因为我们所有的研究人员正夜以继日地进行着各种实验，研发疫苗；因为我们所有的公务人员正在我们身边时刻守护着我们的生活……当我们看到这么多逆行者勇往直前、奔赴一线的时候，当我们看到这么多地方纷纷捐献医疗物资和生活物资的时候，大家心中一定饱含着对祖国的热爱。是的，我们骄傲，因为我们都是中国人！在疫情面前，我们没有畏惧，也没有退缩！因为我们的背后是我们强大的祖国！"

"认识责任"这一活动通过为学生讲述抗击疫情中发生的感人事迹，让学生与责任面对面，认识到责任就在身边，并通过教师总结，提升同学们的民族自豪感，体会到只有勇于肩负责任，才能成为国家的脊梁！

(二)体验责任——亲子体验式活动"假如你是逆行者"

教师导入："同学们一定从电视或手机上看到过很多关于抗'疫'的感人故事。这些故事的主人公有奋战在一线的医生，有支持医生工作的家属,还有深夜为医生们送点心的夫妻……请大家从这些感人至深的故事里,选取一个你印象最深刻的人物,和爸爸或妈妈进行角色扮演,从不同角度体验他们感人的奉献精神。"

备选角色:记者、感动自己的"逆行者"。

活动前学生需要上网搜索信息,了解故事内容并设置采访问题。

体验式活动更能让"责任"二字走入学生的心灵。通过体验活动,学生能真切感受到"逆行者"的伟大——他们的伟大不在于做了什么惊天动地的大事,而在于"勇于承担责任",在国家需要、人民需要的时刻,毫不退缩,排除万难,挺身而出,坚持做好自己应该做的事。

此外,学生能更加深刻地明白只要"心怀责任,勇于担当",那么,每一个平凡的人都可能成为一名英雄。

(三)责任心测试

教师提供以下两道选择题,供学生选择:

一、假如现在:

1.你是医生,你会选择:A. 请假在家 B. 奋战一线

2.你是医生家属,你会选择:A. 支持工作 B. 反对工作

3.你是超市临时员工,你会选择:A. 辞职回家 B. 继续工作

4.你是口罩制造工人,你会选择:A. 请假在家 B. 日夜工作

二、假如现在你 40 岁,下面的几种职业,你最希望自己从事的是:

A. 国家领导——制定抗疫措施,带领全国人民共同

127

抗疫

B. 医学家——带领医学院团队夜以继日地研制疫苗

C. 医生——住在医院,救治患者

D. 护士——住在医院,照顾患者

E. 公安——为保障国家正常秩序而不停奋斗

F. 工厂厂长——带领工人加班加点,赶制医疗物资

G. 其他

通过责任心测试,让学生反思现在的自己是否是一个心怀责任的人,是否能够勇于担当,进一步培养学生的责任意识。同时,这也是一个引导学生形成积极的人生观和价值观的好时机,能够帮助学生树立明确的人生目标。

(四)树立责任心——"潜心读书,祖国的未来需要你来支撑!"

教师导入:"疫情当前,没有人能做旁观者,大家每个人的作用并不相同。有的人以身报国,有的人慷慨解囊,有的人逆向而行……周恩来总理曾经说过'为中华之崛起而读书',面对这场疫情,看到这么多医护人员、工作人员、公安干警、公务人员、党员都奔赴一线,为国家而战,为人民而战,相信同学们的心中也都默默坚定了'为中华之腾飞而读书'的中国梦! 也许在不久的将来,奋战在一线的医护人员就是你,日夜保障人民安全的公安干警就是你,潜心研究疫苗的医学家就是你! 未来有无限可能,而这可能的背后需要同学们能够做到'潜心读书'! 同学们,加油! 你们的肩膀将托起中国的未来!"

教师请学生填写"心怀责任,勇于担当"责任卡。

心怀责任,勇于担当

我立志做一个心怀责任,勇于担当的人,我将从现在做起。

现在,作为一名中学生,我会＿＿＿＿＿＿＿＿＿＿。

未来,我要做一名＿＿＿＿,因为＿＿＿＿＿＿。

立志人:＿＿＿＿＿＿

(五)班主任总结

班主任总结:"天下兴亡,匹夫有责。梁启超曾说过:'故今日之责任,不在他人,而全在我少年。少年智则国智,少年富则国富;少年强则国强,少年独立则国独立;少年自由则国自由,少年进步则国进步;少年胜于欧洲,则国胜于欧洲,少年雄于地球,则国雄于地球。'新时代的中国梦要靠我们来实现,在我们享受青春的同时,也要扛起一份责任,一份报效祖国的重任!"

【案例四】"致敬英雄,争做时代少年"主题班会设计①

一、主题班会设计背景

2020 年新春伊始,在新型冠状病毒肺炎这场没有硝烟的战争中,无数平凡的英雄用自己的生命捍卫着全国人民的安全和健康。此次班会课旨在引导学生感受英雄身上的家国情怀,传承英雄精神,懂得责任与担当。

---

① 设计者:教师王佩宁。

二、主题班会目标

通过学习英雄故事,理解什么是新时代的英雄,感受并学习英雄身上体现出来的家国情怀和责任担当,学会用实际行动来传承英雄精神,弘扬家国情怀。

三、主题班会流程

(一)导入——忆历史故事,初识英雄

教师播放微视频《谁是英雄?》(视频呈现宁死不屈的文天祥,舍生取义的邱少云的英雄事迹。)

教师提问:"大家看了视频,觉得文天祥和邱少云身上都具有哪些优秀品质呢? 请大家各抒己见。"

在学生发表完各自的看法之后,教师继续引导:"他们为了国家利益把生死置之度外,他们都是英雄。在当今和平年代,有没有可以称之为英雄的人呢?"

学生回答完之后,教师进行小结:"时势造英雄,英雄可能是战争年代流血牺牲的人,也可能是和平年代有担当、有责任、无私奉献的人。"

开展关于"英雄"的探讨,一方面能够给予学生更多表达的机会,另一方面引发学生对英雄内涵的思考。

(二)展开——寻最美身影,致敬英雄

1.活动一:"新闻直播间——致敬医护人员"

(1)新闻头条

教师导入:"在和新型冠状病毒肺炎疫情抗争的过程当中,涌现出许许多多的'抗疫英雄',他们于危难中挺身而出,逆行而上。下面让我们通过一段视频,一起来认识被称为英雄的医务工作者。"

（视频来自中央电视台新闻频道，呈现了广大医务工作者自疫情发生以来，不畏生死、日夜奋战的艰苦工作场景。）

教师提问："广大医务工作者的哪些行动触动了你？为什么？"

（2）新闻快讯

教师导入："除了视频中播放的内容，大家还了解哪些有关医务工作者的事迹呢？下面让我们一起走进新闻快讯。"（学生分小组展示课前收集的医务人员抗击疫情工作场景的照片。）

教师总结："救死扶伤，医者使命；不顾生死，乃是勇者。明知有生命危险，却依然迎难而上的医护工作者们是真正的英雄。致敬真英雄！"

2. 活动二："情景再现——致敬平凡英雄"

在抗击新型冠状病毒肺炎疫情的过程中，不仅有医护工作者在一线拼搏，还有许许多多的普通人，他们同样也在为社会贡献力量，他们以行动诠释了众志成城。

教师请大家观看情景短剧。情景短剧由三组学生分别表演，剧情为：

（1）一位自称普通农民的中年男子，将装有 2000 元的信封捐赠给收费站的"疫情检测"防控点。之后，该名中年男子不愿留下姓名，驾车匆匆离开了。

（2）某市派出所里，一名男子送来 500 个口罩，留下了一句"你们辛苦了"便转身离去。

（3）快递小哥汪勇的事迹。

教师提问："从这些既普通又真实的场景中，大家学到了什么呢？"

针对学生的回答，教师进行总结："是的，无论是赫赫有名还是默默无闻,每一个生命都可以成为一轮照耀世界的太阳;只要有爱心,有担当,任何人都可以用自己的方式成为民族的脊梁!"

3.**活动三:"模拟记者会——致敬身边英雄"**

教师提问:"英雄离我们很遥远吗? 也许不是这样的。在我们身边,就有抗击疫情、勇于担当的英雄。首先让我们一起来认识其中的一位。"

邀请在疫情期间积极参与社区值守工作的学生家长参加主题班会,并接受孩子们的现场采访。采访问题如下:

(1)在这次防疫一线上,您具体负责什么任务?

(2)在值守过程中,您碰到了什么困难?

(3)既然值守工作如此艰辛,您为什么还要报名参加?

教师进行总结:"在我们的身边,存在许多为抗击疫情默默付出的人,他们虽然只是普通人,却拥有一颗伟大的心。同学们,你的身边还有这样无私奉献的英雄吗? 在这场战'疫'中,英雄们用责任和爱筑起一道坚不可摧的城墙。大爱无疆,他们都是这个时代的英雄,我们应向他们致敬!"

教师围绕疫情中一个个鲜活的英雄事例,从医护工作者的迎难而上、各行各业工作者做出杰出贡献、身边普通人为国为家做着不普通的事情三个层面,带领学生逐层递进解读英雄,进一步激发学生勇于担当的社会责任感和使命感。

(三)总结——学英雄精神,做时代少年

教师总结:"通过以上的学习,相信同学们一定有了很多的感触。虽然我们不能冲上抗疫一线,但是同样可以扛起自己肩上的责任。作为一名中学生,我们应该怎样做才能体现自己的爱国情怀呢? 谁都有可能成为这个时代的英雄。大家只要从我做起,有责任、有担当,成为更好的自己,我们就是战'疫'小英雄。"

(四)板书设计

致敬英雄，争做时代少年

(五)教学反思

本节主题班会通过谈话引出关于英雄的探讨,引发学生对英雄内涵的思考;通过寻最美身影,重温抗疫期间涌现出的典型人物形象,引导学生致敬时代英雄,感悟浓厚的家国情怀,通过视多种活动形式引起学生的共鸣,从而激发学生学习英雄精神。层层递进的活动贯穿整节班会课,充分体现以教师为主导、以学生为主体的教育理念,引导学生参与体验和自我感悟,化爱国思想为行动,践行责任与担当。

【案例五】"肩挑责任,不负韶华"主题班会设计①

一、主题班会设计背景

面对 2020 年春天的疫情危机,全国医务工作人员、人民解

---

① 设计者:教师于昕轶。

放军、公安民警、社区工作人员、新闻工作者、港澳台同胞、海外侨胞等,都为疫情防控做出了重大贡献,作为教师,我们要以此为契机,培养学生关心国家大事的习惯,提升其责任意识,使其不断健全自我,完善自我。

二、教育目标

第一,引导学生向疫情中涌现的榜样学习、向班级中的榜样学习。

第二,明确学生责任、班级成员责任、社会公民责任,鼓励学生勇于承担不同角色的责任,弘扬正气,努力践行社会主义核心价值观。

三、主题班会流程

(一)活动一:"两耳要闻窗外事"

本活动通过讨论新型冠状病毒肺炎疫情中的英雄,引入班会主题。

教师创设情境:"同学们,2020年的春天,我们遇到了新型冠状病毒肺炎疫情。这不仅仅是危机,更是一次大考,中国向全世界展示了中国的担当。作为未来国家重任的肩负者,你在这次抗击疫情的过程中看到了哪些勇于担责的榜样事迹?得到了什么启示?"

教师可以从一线救助、社会服务、个人行动等方面引导学生举例,让学生感受到自己未来将要肩负的责任。各组学生代表分享完讨论结果之后,教师围绕"大到国家,小到个人,不分职业,承担责任"进行总结。

(二)活动二:"责任初体验"

本活动通过游戏"轮流队长"活跃氛围,让学生在游戏中感受责任。

游戏规则:三人一队,每队队长由队员轮流担任,队长之间进行猜拳,猜拳输的一方全组受到惩罚,每位同学都担任一次队长后,游戏结束。

游戏结束后,教师请学生们思考以下几个问题:如何看待自己的责任和别人的过错?同伴失败时自己有没有抱怨?同队成员有没有齐心协力对抗外界压力?之后,教师围绕"正确看待别人的错误,学做勇于担责的人"进行总结。

(三)活动三:"责任之星闪光芒"

本活动通过评选责任之星,弘扬正气,使同学们有针对性地向身边的榜样学习。

首先,教师播放班级视频,回眸班级生活的点滴,看一看在平日里,是哪位同学在承担责任。通过观看视频,让同学们明白美好的班级中有你我,班级建设需要每位同学承担责任,敢于担当。

其次,评选"班级责任之星"。由各个小组的组内成员分享自己的推荐,讨论并统一意见,拟定典型事迹,然后投票选举。

选举结束后,由教师围绕"角色不同,需要承担的责任也不同"进行小结。

(四)活动四:"天下兴亡,匹夫有责"

本活动通过观看演讲,使同学们理清不同角色所承担的责任的关系,进一步树立勇担责任的信念。

教师导入:"不同角色赋予我们不同责任,作为学生,有努力学习、健康成长的责任;作为集体成员,有团结互助、关爱班级的责任;作为公民,肩负着国家兴亡的责任。如何更好地理解这三种责任? 让我们一起聆听高震东教授的演讲'天下兴亡,我的责任',探寻其中的哲理。"

观看完演讲之后,请同学们制作目标卡片,把自己应当承担的责任,写在目标卡片上。之后,教师进行总结:"班会课让我们对'肩挑责任,不负韶华'这个主题有了更深刻的理解,未来实现中国梦的重任就在我们身上,让我们更有责任心,做一名敢于担当的学生、班级成员、社会公民!"

(五)活动延伸

同学们写好自己的目标卡片后,可贴在班级的"责任墙"上,便于对照检查。班级可以定期进行评比反馈,激励大家不断奋进。

第三节 以"责任"为主题的班级文化建设

【案例一】学生责任意识的培养与实践①

随着现代社会的不断进步与发展,人们生活水平日益提高,学生在优越的生活条件下成长,缺乏一定的责任意识。针对这一现状,唤醒学生们的责任心,培养他们的责任意识是十分必要的。教师可从以下几方面提升学生的责任意识。

一、营造积极向上的班级文化氛围,唤醒学生的责任感

营造积极向上的班级文化氛围能激发学生的热情,对学生的思想教育以及成长起着不可估量的作用。良好的班级文化氛围有利于提高学生的素养,培养学生良好的道德品质,营造积极向上的班级文化氛围,能够培养学生正确的审美观,增强班级向心力、凝聚力,激发学生热爱班集体、热爱校园的情怀,进而使学生形成责任意识。

(一)书香熏陶

书是激发学生责任感的源泉,阅读是唤醒与调动学生责任感的良好途径。学生能从书中汲取养料,树立正确的人生观、世界观、价值观。

学校和班级可以定期开展种类多样的阅读活动,通过比赛、

① 作者:教师李多佳。

研讨、汇报,引导学生对典型环境中的典型人物进行深度解读,在这一过程中感受具有高尚气节的仁人志士的模范行为。他们有的为了祖国的尊严,披荆斩棘;有的为了社会的安康,奋勇拼搏;有的为了国家的财产和人民的生命安全,勇往直前,不畏牺牲……他们令我们崇敬不已、钦佩不已,追根溯源,正是因为他们具有高度的责任意识才做出了杰出的成就。学生们通过阅读,深受鼓舞,心灵得到净化,情感得到陶冶,对责任意识有更好的理解与感悟。

(二)榜样示范

培养学生的责任感,不能局限于枯燥的说辞和抽象的理论,应为学生树立形象直观的榜样。

1.教师以身作则,做好表率

教师的一言一行、一举一动对学生都有极强的示范性和引导性,教师的种种行为本身就是无声的教育。"身教重于言传。"言传的效果要用身教做依托、保证。教师的言谈举止能够潜移默化地影响着学生们的思想和心灵。这就要求教师要以身作则,树立良好的行为榜样。教师认真负责的工作态度会形成无形的动力,学生耳濡目染,便能够用心对待学习和各项活动,进而形成责任和担当意识。当然,要求学生做到的,教师一定要做到。如:要求学生书写规范,教师首先要把字写端正;要求学生服饰符合其身份,教师的着装就要整洁得体。

2.关注身边同伴,传递正能量

责任感的形成需要在人际交往中通过不断观察、模仿、学习他人。教师需要有敏锐的洞察力,抓住每一个教育良机,及时捕捉身边为班级做贡献、承担起班级责任的学生,在全班宣传、肯定他们的闪光点,使学生从中受到正能量的启发与带动。

(三)班会交流

班会是极富教育意义的组织形式与必不可少的交流课程。作为对学生进行思想品德教育的有效途径,班会需要班主任结合班情,适时开展。如:通过开展"遵守交通规则"主题班会,引起学生对交通安全的重视,使其了解一些基本的交通规则及交通标志,培养学生自觉遵守交通规则行为习惯的同时,逐步形成并提高对自己及他人人身安全保护的意识与责任;通过开展"跟党走,爱祖国,追梦想"主题班会,培养学生热爱祖国的情怀,坚定其爱国主义信念;通过开展"节约粮食,光盘行动"主题班会,引导学生意识到粮食得来不易,浪费可耻,培养学生节约粮食的习惯,使学生意识到每个人都有责任和义务节约粮食;通过开展"特殊时期,自律责任"主题班会,使学生学会担当,调动其自律进取的情感,激发学生的感恩之情,使其树立远大理想。

二、丰富多彩的实践活动,内化学生的责任感

培养学生的责任意识,要依托实践载体。学生在创设的情境中,亲身体验,在体验中明确我们需要责任意识,只有具有高度的责任感才能使所做的事更趋完美,所处的环境更加和谐。

(一)学校实践

1.实践锻炼,岗位服务

为使学生能够主动承担班级的各项事务,更好地锻炼学生的服务能力,提高学生的服务与责任意识,应当鼓励学生主动谋划自己在班级的劳动服务岗位,明确分工、集体协作。如:开展"岗位竞聘"活动,培养学生的主人翁意识和自我管理能力,学生在师生共同制定的符合班情的班级目标指导下快乐奋进,建立浓厚的班级情感、主动的服务意识,强烈的集体观念,大家齐心

协力,树立能为班集体增光添彩,为班服务的责任意识,真正做到"人人有事干,人人有责负"。相关事项如黑板报、宣传栏的设计;班级图书角的筹划;中午打饭、打菜、盛汤的人员分配;早晨、大课间、中午的通风及多媒体的开关……教师应尽量让孩子们体会到自己是班级的小主人,进而激发其责任意识,调动其积极性,这在无形中也能够增进师生、生生间的感情。

2.实践训练,行为规范

为提高学生对班级卫生、学习等方面的责任心,教师可有意设计几个情境。如:学生去室外活动时,故意把抹布放在门口的地上,把笤帚放倒,把刚交的作业本弄乱,然后看学生回到教室有何反应。如果学生漠不关心或视而不见,就因势利导,让其知晓每一个人都是班集体不可或缺的一员,班里的任何事情,无论大小都和自己密切相关,进而激发学生对班集体的责任意识。

3.实践演练,意识担当

为培养学生社会责任感,提高学生关心时事的意识,调动学生社会担当的意识,教师可开展演练活动。如:体验医护工作者身着厚重的防护服开展工作,使学生意识到疫情当前,医务工作者在负重前行,我们也应该做好防护工作,勤洗手,勤消毒,提高防护意识;不碰野味,不去海鲜市场、活禽市场;认真居家生活,减少外出……这也是担当精神和责任意识的体现。

(二)家庭实践

家庭教育与学校教育有效结合,可更好地发挥家校教育的合力。家校联手,赢得家长支持,充分发挥家庭教育的影响力,能更好地帮学生养成良好的习惯,培养学生的责任意识。家长做出表率,引导学生从细微处入手,做些力所能及的事,调动学生的家庭责任意识,如:整理物品,打扫卫生,修补东西,等等。

通过负责家务劳动,参与家庭会议等,学生能够切实感受到家庭责任感,增强家庭责任心,进而促使社会责任感的形成。

(三)社会实践

学生的成长不能脱离社会这个大环境,社会责任感的形成,不能限定在学校、家庭,需要老师和家长适当放手,让学生走进社区,接触社会。教师可以帮其筛选能够培养其社会责任意识的场所。如:利用节假日走进社区,开展"敬老爱老"慰问活动,积极参与"垃圾分类"环保活动。让学生在社区活动中切实体验生活,能够增强学生的社会责任感。

责任心是一把衡量人格品质的标尺,有助于学生良好品格及习惯的形成与发展,有益于促进其独立性的增强和智力的发展。对于学生责任意识的培养,教师应顾及学生的年龄特点和接受心理,留意身边各种教育资源,注重日常点滴教育,积极探索责任心培养的有效途径及方法。通过一次次耐心的沟通与悉心的指引,循序渐进地让学生知晓老师对他们责任意识的期待、关注与欣赏,并在一次次实践活动中,使学生逐步形成承担责任的自觉态度,意识到具有责任感的重要性。

【案例二】公共危机视角下的责任教育①

2020 年初,新型冠状病毒肺炎给人们的生产和生活带来了严重影响。这场公共卫生危机极大地影响着人们的生活和行为方式。公共危机是公民个体与群体的社会责任感的现实考场。

党中央的坚强领导和富强团结的祖国作为我们的坚强后盾,支持着我们顺利战胜疫情。对于学生而言,这是一次宝贵的

---

① 作者:教师宋雅。

经验,可以真切地感受到祖国的强大,同时理解个人的发展与成就和国家有怎样的关系,理解自己肩负的责任。在实践中我们能够发现,只有每个人把自己的事业与理想和国家及其发展融合在一起,才能真正有所获,有所得。

一、公共危机挑战下的责任意识培养

社会成员能够在公共危机中自觉承担责任的关键在于从小对孩子进行全面而有效的责任教育。公民责任教育不仅需要培养责任意识,更需要培养锻炼责任能力,使人们能够对他人和社会承担起"分内应做之事"。

在教育活动开展前,笔者在班级内进行了抽样前测,问题为"你认为国家的富强与你有关系吗?"由前测可以知道,当前学生对国家富强与自身之间的关系认识不清,仅有四分之一的学生认为国家富强与自身有关。这样的情况表明学生对国家的意义理解不深刻,对国家富强的意义理解不深刻,对国家发展与自身责任理解不深刻。

(一)防疫物品对比见富裕

笔者将全班学生分为几个调查小组,开展合作探究性学习。小组合作调查祖孙三代人的防疫物品。通过数据分析,大家发现爷爷奶奶在经历疫情时拥有的防疫物品数量最少,爸爸妈妈在"非典"时期防疫物品的数量就增多了。最幸福的是我们这一代,我们当前防疫物品的数量和种类比爸爸妈妈当时多很多。在活动中,学生展示了自己从家中带来的防疫物品,免洗凝胶、口罩、耳温枪……

通过调查,学生真实地感受到防疫物品在三代人的生活中发生着翻天覆地的变化,无论是数量的增多,还是类型的不断翻新,都说明了国家越来越富裕,人们的生活水平越来越高。

(二)国货当自强

笔者对班上一位同学的家长进行采访,这位家长是一位口罩工厂的员工,她结合自身工作经验与感受向同学们介绍中国口罩业的现状,并提出希望。通过身边人的讲述,能够引发学生层层思考。

之后,请学生回到家中,调查家中使用的防疫物品的产地。经调查可知,中国有越来越多的品牌已经走上了国际舞台,不再依赖外国品牌。

(三)梦想创富强

请学生围绕"如何让中国创造出属于自己的、备受世界欢迎的口罩"进行思考,小组合作,交流展示,在现场互动中加深感受,明确只有传承中华民族传统文化的精华,并加以创新和发展,才能实现我们的强国梦。活动围绕梦想创富强展开,使学生领悟自己与国家富强之间的责任与关系,认识到只有每个人把自己的志向与行动和国家的发展相结合,才能实现"国富民强"。

二、公共危机挑战下的责任能力培养

个体只有置身于一定的情境中,真真切切地感知责任、判断责任、履行责任,才能有效提升负责任的能力。在新型冠状病毒肺炎疫情中,有些人享受着公共通信、线上教育的各种便捷,对于自身在公共危机中所应承担的责任却置若罔闻,对进入公共领域后需要佩戴口罩、进出小区需要检测体温、从境外归来需要隔离 14 天的要求并不严肃认真对待。这些人的行为的出发点只是自身利益,潜意识中逃避公民责任。

(一)明辨是非,正确面对责任

"澄清谬误,明辨是非"既是新闻舆论工作者的职责,也是对于教育工作者的一种要求。作为教师,需要警惕学生在舆论浪潮中迷失方向,引导学生正确面对自己的责任。

1.理智面对责任

面对网络上流传的关于疫情各种各样的谣言,很多人没有深入了解就盲目跟风,不加辨别地随意转发信息。教师应引导学生从自身做起,清醒理智地面对"舆论雪球",从官方途径了解信息,不轻信谣言,学会通过正规途径查找信息,正确面对在危机中每个人应该承担的责任。

2.正确引领舆论

平凡人将平凡的力量聚集起来就能够形成可以撼动一切的力量。教师可以利用班级微信群,以微班会等形式和同学们分享危机中的民族脊梁,正确引领班级舆论:如专业精深的钟南山院士、延迟退休的柳帆护士、剪掉长发的诗人护士龙巧玲、坚持接送医护人员的快递小哥汪勇……这些鲜活的人和事将成为学生深刻的记忆。这些教育素材能够帮助学生正确认识责任。

责任教育最终要落脚在责任的实践能力上。理性、客观、谨慎地甄别信息,是一个公民基本的社会责任。在这场突如其来的新型冠状病毒肺炎疫情中,如果说病毒是看不见的敌人,那谣言无疑是助纣为虐的帮凶。在互联网时代,信息发布和传播的门槛低至一部智能手机。网络中既有官方媒体发布的消息,也有各种各样的小道消息,其中不乏片面的、错误的、虚假的信息。实事求是、尊重专业、追求科学理性应成为我们的基本态度。不信谣、不传谣,增强信息甄别的能力,应成为公民责任教育的重点。

(二)关注少数,正确对待弱势群体

1.换位思考,排除歧视

受新型冠状病毒的影响,班级中出现了一些不好的声音—— 一些学生对湖北籍的同学心存偏见。开学后,这些湖北籍学生能否顺利融入班级? 班主任应该怎样引导学生对待少数弱势群体? 教师可以从换位思考做起,以开展体验活动、召开班会等方式,让班级中孩子感受他人的境况,从而学会正确对待他人。

2.主动出击,积极融入

班主任除了要对全体学生进行引导外,更要关注外地籍学生,这次特殊事件对他们而言是一次难得的成长。教师可以引导这些孩子正确面对舆论,以积极的心态面对可能会受到的不理解、不公平待遇,并引导孩子们用自己的行动消除他人的偏见,用实际行动证明自己是热爱班级的一员。

关怀他人,意味着对公共利益、公共事务存有情感认同,特别是对弱势群体有关怀之心。教师应教育学生用尊重的态度面对他人,以更开阔的心胸、更具包容性的人文关怀,为他们提供尽可能的帮助。只有这样,我们才能将实现人们自身的健康权利同实现整个社会的公共健康并轨,最终实现整个社会的规范良治。

在公共危机的视角下,探讨对学生进行责任教育,有助于培养具有公共责任意识和能力的青少年,这是应对当下公共危机及迎接未来挑战的必然选择。

【案例三】立责于心,履责于行

——"大雁精神"引领下的班级建设①

"中国学生发展核心素养"作为能够适应学生终身发展和社会发展需要的必备品格和关键因素,明确将"责任担当"作为六大素养之一。学生能否处理好自我与社会、个人与集体的关系,能否遵守现代公民必须遵守和履行的道德准则和行为规范,是否具备社会责任感和服务意识,是衡量公民教育的重要指标,也是培养学生社会参与能力的必要内容。为此,笔者在班级管理中设计以"服务意识"为核心,以"立责于心""履责于行"为双轴,以"环境、管理、组织、活动"为支撑点的"一个核心、两个主轴、四个支撑点的班级管理体系",并将班级文化具象为"大雁精神",引领班级建设。培养"能服务,有责任的阳光自信少年",让学生在内心形成责无旁贷的担当意识和"舍我其谁"的服务精神,成为笔者打造班集文化的核心。

2009 年,笔者刚开始担任班主任,刚开学,就遇到了一件不小的"小事儿"。学校举行运动会的前一天,班里的"学霸"宁宁找到我,悄悄地说:"老师,明天我想请个假。""为什么呢?""那个……我这不要参加英语演讲比赛了嘛,运动会我也没有参加什么项目,就不来了……"一时间,笔者心里五味杂陈,不知道该如何回答。

如果大家都是这种心态,那即便坐在看台上,能算参加运动会吗?赛场上,同班同学激烈竞逐之时,其他同学却在看台上聊天、听音乐……似乎运动会与自己毫无关系。那次失败的运动

---

① 作者:教师李娜。

会告诉我,一个班级没有凝聚力,就没有战斗力。一个集体需要凝聚力,需要一种争先创优、积极向上的精神,而这种精神从何而来?首先,应当树立起同学们的"责任意识"和"担当精神"!因此,笔者决定以"立责"为核心进行班级文化建设。

为了让抽象的班级文化落地,在班会课上,笔者与孩子们分享了蚂蚁、大雁、狼群等如何以团队取胜的故事。经投票、讨论,我们将"大雁精神"定为班魂,从此,班级与"大雁"结下了不解之缘,笔者也逐步形成比较成功的带班育人方略。

一、在环境营造中强化责任意识

(一)硬环境

苏霍姆林斯基曾经说过:"无论是种植花草树木,还是悬挂图片标语,或是利用墙报,我们都将从审美的高度深入规划,以便挖掘其潜移默化的育人功能,并最终使学校的墙壁也在说话。"教室的布置要体现细节,我们围绕"大雁精神"设置了许多特色园地。

班级室内墙报上张贴着小组海报和我们班每一只"大雁"的心语心愿。墙报左侧设有"雁阵管理"栏,用于公示班级的各项工作,明确责任;墙报右侧的"雁之光芒"张贴着我们"雁阵"曾取得的所有荣誉,激发大家的荣誉感。

我们在前墙左侧设置了"争当头雁"栏目,张贴着同学们签订的"我的班级我负责,我为班级添光彩"行动承诺书;后墙左侧设有"群雁高飞头雁领"栏目,张贴着每个月要例行评选的"月度头雁"。榜样是"镜子",也是"尺子",更是我们树立责任意识、勇挑班级重担的"领头雁"。

教室的储物柜上摆放着每个小组的"组花",我们为各组的组花制作了名片,每组都有一位同学担任组花的专职"守护者"。小组的组花长势喜人,是小组园丁认真履责的功劳,也是整个小组的荣耀。

班级室内墙报

教室储物柜上的"组花"

教室是我们的家,我们要爱护它。黑板要擦干净,抹布要叠整齐,每节课后都要擦讲台……教室所有物品的布置摆放都有明确的要求,尽可能做到摆放有序美观,让学生的责任意识在一书一本、一物一具的摆放中,得以萌芽。

(二)软环境

围绕"大雁精神",我们共同设计了班徽。班徽的主体是两只展翅高飞的大雁,代表了以"人"字飞行的雁阵,展示了班级一切"以人为本"的理念,班徽倒看是一个象征胜利的"V"形手势。师生将班徽制作成徽章佩戴于胸前。这不仅是我们身份的象征,更是我们接受全校师生监督的方式。带着班徽的"大雁们",走在校园里会自觉地规范自己的行为,为班级争光,立责于心,履责于行。我们还共同确定了班训、班风,设计了班旗、班级吉祥物,改编了班歌《雁舞流云》。

为了让家长及时了解孩子班级的新故事,我们组建微信群、QQ群,并利用微信公众平台及时推送班级新闻。便利的沟通方式,为家校合作提供了巨大的推动力。

二、在自主管理中引导责任行为

"播下一个行动,你将收获一种习惯;播下一种习惯,你将收获一种性格;播下一种性格,你将收获一种命运。"良好的行为,需要严明的制度提供保障。

为了培养学生对班级的责任意识,增强组织纪律性,笔者提出"流动红旗不流动"的口号,得到同学们的一致响应。为了"流动红旗不流动",同学们应如何承担相应责任呢?

班级根据学校的校规校纪,结合本班的实际情况,采取个人提议、小组承包、共同修改的方式,从进校、在校、离校三个阶段,十五个点,制定出有关学习、纪律、卫生等方面的"雁阵公约"。"雁阵公约"从学生早晨进校、交作业、课前两分钟、课上回答问题、课上课下纪律、集体活动、两操升旗、发型仪容等各个方面进行细化管理,对卫生角、黑板板槽、储物柜、墙壁等地方有细化规定,每一个方面都有严格的加减分细则。在实践中,师生共同不断完善细则,并斟酌量化考核标准,使班级制度规范化、具体化、数字化。

同学们每天在校的学习生活都有严格的纪律,通过这种严格的管理,同学们基本养成了良好的学习习惯,并有比较强烈的责任意识。

在飞行过程中,头雁每隔几分钟就要进行轮换,这样雁阵就可以长距离地飞行。为了落实"雁阵公约",班级采用"执勤班长制",人人轮流当"头雁",每天由1位组长带1位组员执勤。执勤的过程,是培养学生责任意识的重要步骤。

执勤班长要从早晨6:50同学们进校,到17:20同学们完成卫生离校,全天候无死角地对班级事务进行逐项检查,并在第二天眼保健操时向全班反馈。除了每天一小结之外,我们每周一总结,并将结果以"得分条+教师评语"的形式反馈给家长。

如果哪位同学违反了"雁阵公约",执勤班长便会要求该生所在的小组为其开出"惩戒通知单",再由该生自主选择受罚方式。整个小组共同书写惩戒通知单以及学生自罚的过程,就是自我反省和自我教育的过程。

有了"雁阵公约"的保障,学生自主教育比老师看着、班干部管着的教育效果要好得多,这有助于培养学生的责任意识,规范学生的责任行为。

三、在组织建设中体验履责过程

能够自我管理的学生才是优秀的学生,能够自我管理的班级才是优秀的班级。我们班级采用"三级管理模式",即班主任管理班委会,班委会管理小组,小组管理组员,最终实现小组自治。

(一)班委会建设

在雁阵中,头雁最累,它需要承受最大的空气阻力,不仅自己一秒钟都不能懈怠,而且还必须把握飞行的方向,做好整个雁阵的引路者。这是一种强烈的责任意识,更是一种高尚的奉献精神。

班委作为班级的"头雁",也应该有这样的责任意识和奉献精神。因此,每学期的班委竞选都要求候选人阐述自己对竞聘岗位的理解,然后,同学们匿名投票,全班公开唱票,最后确定聘任。

(二)小组建设

小组是班级最基本的组织形式,是实现"立责树人"的有力支撑。

根据"组间同质、组内异质"的原则,笔者将全班同学分为四组,分组均衡了男女比例、学习成绩和纪律情况,并根据学生的特点,分别将小组命名为"善学雁""乐学雁""勤学雁""愿学雁"。小组成员确定以后,每个小组还要确定本组的组名、组训、小组目标和小组公约。各小组制作了本组的组牌,一个个美丽的组牌是小组的标志,更是小组成员在组内立责于心、履责于行的开始。

雁群降落休息时,每只大雁都有不同的分工:休息、觅食、警戒……受此启发,笔者将组长的权力下放,请不同的同学分别担任"学习管家""纪律管家""卫生管家"和"得分管家",大家分工明确,各尽其责。

无论是课堂学习、课外活动还是考评活动，我们都是以小组为单位进行的。为了小组整体的进步，组员优势互补、守望相助，大家互相帮助成为常态。

2016年3月7日下午，放学后，有5位同学因为错题不会改还没回家，而这5位同学的身边围着十多位同学在帮助他们。蹲在地上为同伴讲题的女生目光中没有一丝焦急和责怪，听讲的同学弯着腰，努力地抻着脖子，认真地听着，没有丝毫懈怠，并不时提出自己的疑问。讲题的同学，将帮助同学当成了自己的责任；听题的同学将努力进步当成了自己的责任。通过小组建设，同学们在小组竞争与组员合作中不断改进自己的不足，提升了对自己发展负责、对小组竞争负责的责任意识。

在班级中，大家守望相助，孩子们不会因为成绩落后而被"另眼相看"。暂时的成绩落后可能有多种原因，但绝不是因为不努力。老师、同学们不抛弃，自己不放弃，教育有温度，所有孩子有存在感、归属感，这正是"立责树人"的体现。

四、在活动体验中内化担当精神

组织和指导学生参加各种活动，是班主任工作的一项重要内容，是班级文化建设的重要途径之一，也是促进学生全面发展的有效手段。我们应该让学生积极投入到丰富多彩的活动中体验校园生活的乐趣，在体验中内化担当精神。

(一)德育课程

根据情商的十二项能力，笔者围绕"责任、纪律、合作、奉献"的主题，联合本班科任教师，设计了内容全面、层次清晰的德育课程体系。

以题为"立责行旅，共创佳绩"的体验式班会课为例，通过体验活动"让白纸强大起来",同学们更深切地感悟到团结就是力量,自己是整个集体中不可或缺的一部分。通过体验活动"风雨同舟",同学们感悟到"没有完美的个人,只有完美的团队"。只有每一个人都履行了自己的职责,认真地完成了自己的任务,才会成就一个完美的团队。最后,同学们通过分析自己身上存在的问题,在班级讨论的基础上,制定了"班级有我,我为班级"的个人完美计划。

(二)校园活动

活动最能展现学生的集体荣誉感,提高班级的凝聚力。在各项活动中,笔者积极动员,及时引导班级思想发展,使活动成为教育学生的契机。

在劳动实践基地军训时,同学们认真地学习每一项技能。会操表演时,"雁阵"中的每一位同学都一丝不苟,近乎完美地完成每一个动作。最终,班级获得综合考核第一名。其实,我们的成功并不是一蹴而就的。在第一天的内务评比中,我们还远远落后于其他班级,但是在后面的几天,大家吸取教训,以小组为单位,根据每位同学的优势,明确分工,各尽其责;各小组之间也互相检查、督促,帮助整改,最终我们成为全年级第一个男女生宿舍全满分的班级。

笔者从动员学生承担学校升旗任务、参与课本剧大赛、参加班级合唱比赛等各个方面践行责任教育,让学生感受到优秀的班集体是怎么形成的,个人与班集体之间是水涨船高的关系,进而培养学生的责任意识和担当精神。

在学校组织的拔河比赛中,第一场由我们班和三班进行比拼,当时我们出师不利,失败了,同学们很沮丧。笔者便与同学们一起分析,找到失败的原因——没有统一节奏。大家虽然都很卖力,但是劲没有往一处使。总结出失败原因之后,大家选一位同学喊号子,调整节奏。第二场比赛由我们班与五班进行比拼,我们班以优势胜出,看着同学们喜气洋洋的脸,笔者趁势鼓励大家,同学们在活动中体验到付出的快乐。第三场比赛,由我们班和一班比拼,一班的队员各个高大威猛,身体优势明显,在努力之后,我们班级 1:2 惜败。看着大家失望的表情,笔者鼓励大家:"同学们,咱们班同学今天表现得像英雄一样,在胜利希望渺茫时,大家谁都没有放弃,为了班级,一直在拼搏。虽然最后落败了,但是大家尽力了,虽败犹荣。"

在当天的"班级小结"时,所有学生都再次议论起这件事情,大家都认识到了班级的荣誉需要每一个人去维护,每个人都承担着不可推卸的责任。同时笔者也深刻认识到了在班级文化建设过程中,教师的引导非常重要,其在相当大的程度上决定着学生对事物的看法,引导着学生的思想发展。

通过一系列特色课程和校园活动的强化激励,"责任、纪律、合作、奉献"的"大雁精神"已深植于每一个孩子的内心。同学们体会到了让他人因自己的存在而幸福,理解了个人对他人、对班级以及对家庭、对社会需要承担的重要责任,并下决心去践行肩负的责任。特色课程和校园活动强化了同学们的责任意识,激发了大家的担当精神。

未来社会的发展趋势既是个体融入社会的过程,也是中国融入世界的过程。在这一过程当中,个体与社会的最为恰当的融合方式就是理解责任之意义,具备服务的精神和能力。在小组内给同学讲一道题,在班级内做一次值日,在家庭中做一次家务劳动,在社会中做一次公益,笔者将责任教育贯穿于每一件看得见、摸得着的日常小事当中,从制度约束到养成习惯,从外部要求到内在需要,笔者以"服务意识"为核心的班级管理体系以文化引领,制度跟进,活动助推,让学生在环境中理解责任,在活动中体验责任,最终成为有责任、懂担当的合格人才。

【案例四】情感熏陶＋制度约束＝遇见更好的自己①

良好的班级文化氛围对班级建设和学生的长远发展都有重要的影响。班级文化是一个无形的磁场,指引着学生的前进方向;班级文化是班级小社会里的"社会环境",影响并制约着每个学生的学习前景及整个班集体的发展。笔者为将我们班级建设成富有特色的、和谐、团结、向上的班级,制定以下班级文化建设方案。

一、班级文化建设的目的和相关内容

通过建设班级的制度文化(包括班级公约、班级管理小组化)、学习文化(包括"星耀八二"、目标激励)、精神文化(包括"主题月"等内容)、情感文化(包括班刊、博雅讲坛、每日播报),使学生在情感的熏陶、制度约束、目标追求中自我管理、自主学习、自我教育、自我完善,让学生在自信中快乐成长。

(一)制度文化

班级中六小组负责人各司其职,将学校和班级中的活动安排得井井有条,很好地体现了自主管理。笔者将之前各个班委管理班级转变为各个小组管理组织相关活动,形成"以点带线,以线带面,全员参与"的系统,让学生能够更加感受到团结的力量,进而培养学生的集体荣誉感。

---

① 作者:教师赵海萍。

(二)学习文化

学习文化包括"星耀八二"和"目标激励"两方面,"星耀八二"是每两月对评选出的班级之星给予奖励,评上的同学可以登上班级"荣誉殿堂"。目标激励是每位学生写出近期的具体目标,期中考试后检测哪些同学达到目标。目标是不断更新的,通过一次次的目标达成让学生感受到不断超越自我的成就感,并不断自我督促。

(三)精神文化

精神文化包括主题月等内容,根据学校的安排,班级相应设置了各个月的主题:九月份的主题为"我运动、我健康、我快乐",十月份的主题为"我读书、我学习、我受益",十一月的主题为"我努力、我歌唱、我出彩",十二月的主题为"我刻苦、我冲刺、我收获"。主题月的相应活动由各个小组负责。

(四)情感文化

情感文化是最具特色的班级文化,笔者努力淡化班集体的概念,突出强调"和谐大家庭"的概念,让学生们明白,彼此之间就是兄弟姐妹。这种潜移默化的教育效果非常明显,同学之间的矛盾非常少。生生之间、师生之间的情感交流通过一月一次的班刊以及每周一次的博雅讲坛和每日的新闻播报开展。

笔者发挥全体同学的能力,一起创立了班刊《班级进化论》。大家因为缘分聚集在了一起,一起成长,彼此成就,共同成为更好的自己,这就是《班级进化论》的存在的意义以及价值。班刊从确定主题到版面设计都是由同学们集思广益,很多同学都参与了进来,每期班刊都有自己的主题,每期都会介绍一位名人,然后大家在开班会时一起学习各行各业的领军人物的成长历程。这些成功人士的经历对于学生有很大的震撼性和时代的代表性。每次学习领军人物时大家都很爱听，笔者用这种方法鼓励他们未来成为对社会有重大贡献的人。

每周五下午班级会举行一周一次的博雅讲坛活动，学生们在这个平台更能发挥自己的才能。班级中有几位男同学酷爱历史、文学，他们给全班同学讲解了抗日战争的历史、解放战争的历史，大家每周都能经历爱国主义教育的洗礼，这种爱国主义教育不是老师强塞给学生的，而是学生之间的互相影响。

每日播报活动是班级文化建设中另一大特色，笔者将全班同学按座位顺序排好，每天由一位同学利用午自习进行新闻播报。学生们要提前找好素材，做好幻灯片，写好文案，做好诵读以及提问环节的准备，这一系列的活动培养了学生的写作能力、概括总结能力、表达能力，强化了班级的凝聚力，学生们每天利用午自习进行交流、提问、回答，增进了师生、生生之间的感情。

二、班级文化建设的具体实施措施

(一)确定班名、班徽、班魂、班训、班主任寄语、班歌等

经过全班学生自由拟定、班主任与班干部共同筛选、全班学生投票等环节，班级名称确定为"最美八二"，班魂为"立志成为一名具有责任心、上进心、感恩心的优秀学生"，班训为"静(动静有序)、净(干净整洁)、竞(竞争上游)、敬(尊敬师长)"。班训是为了更好地突出班魂，诠释班魂。班徽是由班内一名男同学根据班名、班魂而设计的。班徽整体为一个晶莹剔透的、有一双翅膀的钻石，寓意着每个学生内心纯洁无瑕，大家之间的友谊恒久深厚，大家一起追寻梦想，永不言弃。班主任寄语为"希望我的学生们永远不忘初心，做善良的、坚强的、自信的自己"。班歌以《和您一样》为曲调，全班同学一起创作歌词。

(二)明确小组划分情况，形成班级管理小组化模式

根据全班同学的兴趣爱好、男女生的比例、学习水平的程度以及课堂表现将全班分为六组，并指导学生做好小组文化建设。六组组名分别为阅读组、英语组、文艺组、书画组、健美组、学习组（组名为暂定名，分组方向为这六个方向不变，因为这六个方面诠释了班级的精神文化和学习文化）。

小组责任分工：每一位同学根据自己的爱好和意愿负责本组工作的相关事宜，明确小组分工，制定小组发展计划、目标及口号，带动大家共同发展。

制定班级公约并建立健全的班级制度（包括奖惩制度、值日生制度，等等），以此约束学生的言行，激励学生竞争上游。为充分调动学生学习的积极性，激励学生发现自身的闪光点，促进学生全面、主动发展，各组组长和组员共同讨论制定班级奖惩制度细则，尤其要奖励为班级多做贡献的、多参与班级建设和学校活动的同学。

教室布置及阅读活动：教室靠窗户的墙壁上贴着班训"静、净、竞、敬"，以培养学生责任心、上进心、感恩心。左侧贴着班魂、班级公约和奖惩制度、卫生值日表以及优秀作品展示、"星耀八二"评比栏、班级主题月活动。为了让学生时刻感受到责任，班级责任分工表和卫生分工表张贴在教室黑板两侧。教室后面的黑板上写着班歌。为使班级充满书香，笔者不断地为学生提供阅读材料，以读书笔记和观后感、小作文等形式作为主要交流手段，督促学生爱读书、读好书、会读书。班级图书角的布置包括班刊和每日播报，等等。

班级文化建设不是一朝一夕的事情，需要班主任跟科任教师以及全体学生根据班情、学情不断进行调整、增删，以形成良好的班风、学风，为学生的健康成长打造良好的环境，这是一个延续的动态的过程。经过我们不断的努力、积累与成长，我们终将成为更好的自己。

第五章
班级文化建设之个人成长案例

在前四章,我们从不同角度展示了通过班级文化建设开展德育实践的一些努力,横向展示了一线教师的主题班会设计和教育案例。班级文化建设是一项长期的工程,在时间层面纵向延伸。本章将从优秀班主任个体发展的角度展示班级文化建设的案例,便于我们更加全面地理解班级文化建设的整体思想和操作过程。

第一节　赵良珍老师班级文化建设的思考与实践

【案例一】立德树人初心不忘 学科德育培根铸魂

天津市东堤头中学一直坚持"让农村孩子就近享受优质教育,为学生终身发展奠基"的办学理念,不断探索教育教学规律"坚持德育为先,立德树人,把社会主义核心价值体系融入教育全过程""创新德育形式,丰富德育内容,不断提高德育工作的吸引力和感染力"。

经过多年的探索和尝试,学校摸索出一条以课堂教学为主渠道,以培养新时代社会主义接班人为目标的学科德育渗透方法,将"立德树人"这一根本要求落到实处。

一、指导思想

习近平总书记在 2018 年全国教育大会上的讲话指出:"要把立德树人融入思想道德教育、文化知识教育、社会实践教育各环节,贯穿基础教育、职业教育、高等教育各领域,学科体系、教学体系、教材体系、管理体系要围绕这个目标来设计,教师要围绕这个目标来教,学生要围绕这个目标来学。"这就提醒我们学科教学的根本宗旨应回归到"育人"上来,要把"立德树人"的根本任务落实在学科教学之中,上有灵魂的课,建构有灵魂的课堂。

二、推行原则

(一)体现时代特点

党的十八大以来,党中央全面加强党对教育工作的领导,先后召开全国高校思想政治工作会议、全国教育大会等重要会议,教育事业的中国特色更加鲜明,教育现代化加速推进。

(二)体现统一特点

学科德育要坚持社会主义方向,灌输正确的思想观点和道德规范,培养健康的感情和积极的行为;要将品德教育与中华民族伟大复兴结合起来,与学生日常生活结合起来,使他们真正领悟和掌握正确的观点、原理和方法;要树立素质教育的观念,面向全体学生,全面提高学生的素质。

(三)体现学科特点

由于中学各门学科所研究的对象和范围不同,学科的性质也不一样,因此,在各门学科教学中渗透德育要求我们应根据各门学科的"个性",发挥优势,把握重点,分清主次,准确地挖掘教材内蕴含的教育因素,讲究渗透的艺术,使学生知识、技能和能力的获得与思想品德的形成相得益彰、互相促进。

(四)体现因材施教特点

要根据不同阶段学生的心理年龄特征,确定渗透内容的重点、深度、广度,灵活运用各种方法和手段,加强教育的针对性,注意把集体教育同个别教育结合起来。

三、实施方法

(一)有意实施

"有意"就是要增强寓德育于课堂教学中的自觉性,形成"每节课都是德育阵地"的意识,只有把"立德树人"贯彻到教育教学的各领域、各环节,才能真正地将德育渗透到位。

因此,在开学初学校工作顶层设计中,校长根据对国家教育政策的解读,确定本学年学校的整体育人目标与要求,这种要求既符合国家要求,又与学校立责文化相契合,成为对"立德树人"目标最具体的解读。接下来,教师以学科组为单位,根据学科课程标准细致解读"立德树人",制定明确而具体的学科德育目标,并在集体备课中通过教学内容实现教学目标,让学生不仅能在学科技能和知识方面实现发展,而且能够得到道德水平的提升。

(二)有机实施

"有机"就是要使德育融于知识载体,贯穿整个教学活动,德育、智育水乳交融。

教材是课堂教学内容的载体,在教材中挖掘教育切入点,进行直接或间接的德育教育,这是在学科中进行德育渗透的主要方式。把德育渗透到具体学科中,使传授科学知识与育人有机结合起来,通过教学渗透德育容易做到扎实有效。

天津市东堤头中学力求打造出立体全面的德育渗透课堂。学校树立"课课有德育,人人是德育工作者"的思想,上课铃响起,教师准时走到教室门口,学生安静有序地备好自己的学习用品,这是守时、整理习惯的渗透;教师走进课堂,师生间的问好,这是尊重的体现……教学中,教师将已经设定的教学目标和德育目标巧妙地融入课堂教学内容,起到了润物无声的效果。为了使育人的效果得到延伸,教师会通过灵活多样的作业形式让德育教育从课堂延伸到课外。如实践类作业、作品类作业、创新类作业,等等。

(三)有序实施

"有序"就是各门学科都要围绕德育大纲的要求,注意德育教育的一致性和连贯性。德育教育的连贯性和一致性指的是德育教育前后连贯、有目的、有计划、有系统地进行,德育教育的一致性是指校内全体教职工、各种学生组织以及家庭、社会同学校的教育要求要互相配合、步调一致。

例如:党的十八大以来,习近平总书记多次谈到要"注重家庭、注重家教、注重家风",在语文学科中,一篇篇文质兼美的课文可以为我们提供弘扬优秀家风、家教的最佳范例。比如七年级语文课文《诫子书》,"静以修身,俭以养德""非淡泊无以明志,非宁静无以致远"等佳句能够让学生结合历史名人和个人生活经历深入理解其内涵;八年级语文课文《傅雷家书》是饱含父子深情的家书,父亲对儿子的谆谆教导,儿子对父亲的坦诚与关怀,都是现代家庭教育的典范;九年级的话剧《枣儿》刻画了一对感情深厚的祖孙。在长期的浸润中,学生可以养成良好的品德。

(四)有情实施

"有情"就是教师在教学过程中要倾注自己的感情,教师育人要先育己,以情动人,以情育人,激发师生间的共鸣共振,能够产生巨大的力量。

教师要会讲故事,无论是个人的成长经历还是书中的精彩情节;教师要会营造机会,创设学科德育的情境;教师要会等待那些成长节奏不同的学生,点燃那些激情,培养那些灵活的思维……总之,教师是受教育者最直接的榜样。可以说学校德育工作的成败在很大程度上取决于教育者的示范作用。师是国之宝,德是国之魂。

(五)有效实施

"有效"就是要力戒虚饰浮华,讲求实效。课堂教学是德育工作的主阵地。渗透只是手段,教育和培养德才兼备的人才才是目的。在教学中,既要强调知识的讲授,又要注意德育的有机渗透。只有这样,才能使学生在学好知识的同时提高思想素质,使学科德育得到最大程度的发挥。

天津市东堤头中学努力拓宽学科德育范围,将校本课程、地方课程、实践课程纳入学科德育的范围,让学科德育成为人人参与、时时发生、处处渗透的一种行为,让全面育人得以真正落实。

四、实施保障

(一)充实力

教师作为实施学科德育的主力军,决定了学科德育的时效性和有效性。为此学校定期安排骨干教师上示范课,为新教师展示学科德育的具体做法,通过名师课堂的开展,从课堂专业的角度示范德育该如何落实在教学中。学校还利用教师"暖心课程"滋养教师的心灵,这些措施让教师充满正能量,能够带着内心的温暖和扎实的学识走进课堂。

(二)养能力

学校搭建平台、创造机会提升教师的专业素养,并通过教师基本功大赛,让优秀青年教师脱颖而出。在"双优课"的评比中,骨干教师的能力得到了最大限度的发挥,在各类其他比赛中,教师也不断提升着自己的教育教学能力。

此外,学校还推荐教师参加各类研修与培训活动,从思想上提升教师对国家教育政策的理解,从而能够用自身的品行潜移默化地影响学生,使学科德育成为一种自觉的教学活动。

(三)借助力

学校从学生身上借力,让学生成为推动德育渗透的受益者和监督者。每个学期,学校都会以调查问卷的方式,综合考评每一位教师学科教学德育渗透的具体情况。学校运用大数据进行分析,找到教师落实学科德育工作中的亮点进行表彰和总结,同时发现不足,及时予以指导,便于下一轮教学活动的展开。

(四)保财力

学校对于推进学科德育工作开展的经费做了充足保障。每学年学校会派出教师进行专业培训和学习,邀请专家到校讲座,备好课程开设过程中需要用到的物品和工具,这样使课程开展有了物质保障,也让教师有了更大的积极性,让学科德育有了更加明显的效果。

五、学科德育的成果

学科德育主渠道是课堂,主体是教师,受益者是学生。在良好的课堂氛围中,学生掌握了知识技能,同时思想道德水平也得到了提升。经过长时间的观察,我们将学生发生的变化概括为三"XIN"。

(一)"心品行"

学生在长期的德育渗透下,有了一颗感恩之心,在家庭中孝敬父母,在学校尊敬老师;形成一颗坚定的责任之心,懂得回报社会,奉献社会;生长出一颗梦想之心,憧憬自己美好的未来,用自己的努力实现"中国梦"。

(二)新高度

学生在长期的德育渗透下,开阔了视野,丰富了精神世界。学校优异的教学成绩和"体、卫、艺"成绩让农村孩子走出了小小的村落,到全市、全国的舞台上展示自己的精彩。每一年,学校都会收到毕业生寄给母校的信笺,与我们分享他们达到的人生的新高度。

(三)欣欣向荣

学科德育的发生在课堂。学生通过课堂培养出良好的学习习惯,体悟出的坚毅品质,都成为学生再发展的精神动力,让课堂学习有了提升,呈现出一种欣欣向荣的状态,全面带动学校的工作迈入一个新时期。

经过多年的教育教学工作,学科德育为我们带来颇丰的收益,同时也给我们带来一些思考:如何建立学科德育的评价机制应才能更有利于学科德育的开展、激发教师的活力和创造力,为落实"立德树人"这个根本任务发挥出更大的作用? 我们应该如何利用互联网,形成属于学校特色的"互联网＋学科德育"模式?

作为教师,我们要给学生心灵埋下真善美的种子,引导学生扣好人生第一粒扣子。铸魂育人是立德树人根本任务的具体化,我们相信,促使学生心灵的绽放,培养担当民族复兴大任的时代新人,这一任务的完成就在课堂里,抑或说,完成这一任务是从课堂开始的,是从上有灵魂的课开始的。

【案例二】点燃内心,照亮梦想
——让"成功教育"促进班级管理

现代人才学的观点认为,凡是在某方面具有较高才能,可以独立承担一定工作并做出较大贡献的人都是人才。只要确立现代人才观,善于发现培养对象的优点和专长,坚持因材施教,努力开发不同对象身上的潜能,就可以把他们培养成社会需要的人才。笔者将这种观点引入自己的班级管理中,为每个学生创造成功的机会,以表扬、鼓励为手段,使学生通过不断获得成功体验而形成源源不断的内动力,使大家各自在原有基础上获得多方面的成功,并培养起有利于终生发展的自我增值能力。"成功教育"成为班级的管理理念。

一、"成功教育"的理论依据

(一)没有主体性的发挥,就不会有成功
在班级的管理中,只有调动学生的热情,让学生参与班级管理,才能让他们在管理的过程中获得成功的体验,从而达到班级管理的理想目标。

(二)人都具有创造的潜能
激发学生的创造欲,给学生更多的创造空间和自由支配的

时间,在活动中,学生的潜能不断被激发,自身的能力随之提高。这样,班级就会实现整体进步。

二、"成功教育"在班级管理中的实施

(一)班级活动是感悟成功的平台

在班级管理中,笔者努力为每一位学生搭建展示自我的平台,学生在班级丰富的活动中对自我潜能进行挖掘,从而体验个人成功的快乐。

1.丰富的社团活动

中学生有强烈的表现欲,他们希望通过表现来展示自我的能力和才华,获得认可与成功。笔者鼓励每一位同学参加班级活动或社团活动,并且通过学校的各类比赛平台进行展示。如学校艺术节、合唱团比赛、广播操比赛、全国青少年足球联赛等。在广阔的舞台上,学生们体验着付出和成功的快乐。当代校园中,成功已不再意味着单纯的成绩的优异,丰富的精神世界能够使得优秀的中学生脱颖而出。学生带着感悟生活,带着能够发现美好的心灵去学习,这将是他们一生的财富。

2.争做"服务之星"

在班级事务的管理中,每一位学生可以根据自己的能力和意愿选择服务岗位。大家在服务的过程中,不断改进服务方式,提高自己服务的质量。同学们各尽其职,各负其责,充分发挥学生自我管理的主体性,这种服务的意识和能力是他们今后走向社会必备的素质之一。

每位同学都是班级管理的参与者。笔者引导学生以友爱、合作的方式进行交流,将对他们的人格尊重隐于严格的要求中,让学生始终能够感受到大家对其自身价值的肯定和认可。这样

最大限度地发挥了每一位学生的作用,实现了班级的自主管理。在服务活动中,学生们成功地突破了自我,发现了自我的价值,激发起追求更大成功的热情和信心。学生获得班级管理者的积极体验,并从管理者的角色中学会管理他人,学会自我管理。一个懂得严于律己的人必将是社会道德的维护者。

(二)家庭生活是体验成功的新途径

苏霍姆林斯基说:"应当引导儿童去获得劳动的幸福,如果你不能引导他们去获得这种幸福,那你就等于什么也不会做……没有儿童的劳动的幸福,就没有教育。"

家庭生活是鲜活的课堂,在家庭生活中,孩子们自己参与劳动,在劳动中体会动手的乐趣,体会父母的辛劳,养成勤劳的美德。孩子们通过劳动锻炼学会做事,减少对成人的依赖,将会促进孩子独立意识的形成。

(三)志愿者服务是践行成功的方式

现在的中学生大多是独生子女,习惯沉浸在自己的世界里,非常有个性。而志愿服务大多是需要一个团队完成的项目,需要大家一起合作讨论,共同努力完成。通过志愿服务,能够教会孩子们如何和别人沟通,并给予其他人合适的评价。如何站在别人的角度去思考,科学分工,齐心合力地完成一个项目,这是每个中学生步入社会后都要面临的问题。

班级的社会实践基地,是学生展示自身能力和良好形象的又一舞台。每月定期的实践活动能使学生在活动中体验成功,将自己所学内容与社会实践有机结合,激发主动意识,提升整体素养。活动中形成的社会责任感能够让这些学生在将来成为社会的有用之才。

(四)外出交流是追求成功的新动力

孩子视野的开阔度,决定了孩子未来的发展程度。拓宽孩子的视野有助于提高孩子的综合能力,有利于为孩子奠定坚实的基础。对于农村孩子来说,成功有时非常遥远。为了激发孩子们追求成功的动力,每个假期我们都会带领学生们走进高校,去感受高等学府中的书香之气。我们先后走访了天津中医药大学、天津理工大学、南开大学、天津大学。大家充分感受到了历史名校的文化积淀,与即将毕业的学长、学姐拍照留念。这些学长、学姐就是大家的榜样,也是大家不断奋斗的方向。

三、典型案例

蓝蓝是一个非常让笔者感动的孩子,也是让笔者坚定地将"成功教育"进行下去的人。2010 年新生入学的第一天,他莫名地暴怒,踢坏了阶梯教室的椅子,导致大家无法开会,校长不得不将所有老师和同学安排到其他教室,而他则被愤怒的父母带回家。随之而来的情况不难想象,课间打闹,上课扰乱秩序,打架闹事,几乎所有的问题都发生在他身上。如何转化这样一位学生成为笔者无法回避的问题。终于笔者在军训中发现了一点希望。在检查内务时,笔者发现他的被子叠得很整齐,于是便推荐蓝蓝代表班级参加内务整理比赛。看着他如此认真细致地做一件事,笔者感到自己的机会来了。军训结束后,笔者鼓励蓝蓝:"你有军人的潜质,以后可以考军校。"就是这样鼓励性的话语,让他找到了自己的方向。蓝蓝真的开始学习了。利用他的转变,笔者在班级中对他进行表扬,这让他更加自信,到了八年级第一学期期末时,蓝蓝已经位居年级的第五十名。九年级整整一年,笔者利用蓝蓝在理科的优势,安排他担任辅导组长。蓝蓝不仅成功地帮助了同学提高成绩,更重要的是,他学会了与人分享,体验到自己在集体中的存在价值。中考结束后,蓝蓝以优异成绩考取南仓高中。

蓝蓝的成功给笔者带来极大的启发:成功教育不是追求高分数,而是让学生对自己形成正确的评价,寻找到自己的闪光点,进而树立坚定的信心。教师要帮助学生发现适合自己个性的行为方式,借以获得成功。

在"成功教育"实施的过程中,我深刻地体会到学生心中美丽的梦想是他们的追求,成功的快乐是他们进步的动力,良好的习惯是他们成功的保证。让平凡者变得优秀,让成功者卓越,是笔者班级管理的目标。真心期待学生们走向社会后会成为优秀的人才!

【案例三】带上一本书去旅行

一、课程背景

在高速发展的现代社会,通俗文化的流行对文本阅读产生了一定的挑战。人们在休闲时间中更倾向于观看电视、聆听网络音乐、玩网络游戏等。学生读书时间不够充足,加之在片面追求升学的氛围的影响下,学生整体阅读习惯和阅读能力并不乐观。

二、课程目标

通过课程,使学生养成良好的阅读习惯,提升学生的阅读意识、语言表达能力、写作能力和文化修养。

三、课程准备

读书日志一本、周记本、摘抄本、学生和教师选定的书籍。

四、课程实施过程

(一)固定阅读时间

每天清晨用20分钟读书。一日之计在于晨,清晨美好的时光中,少年读书的身影是最美丽的风景。

每周日用一小时读书。学生在每周末读一本喜欢的书,摘抄自己喜爱的段落,写出感悟,日积月累,这会是一笔巨大的精神财富。

假期的读书时光。学生在假期做好读书清单,摘录精美的语段,伴着书香,充实而有意义地度过假期。

(二)分享阅读内容

每天背诵一段文字。在语文课的口语练习中,大家可以介绍自己背诵过的语段,共同积累写作素材,拓展阅读的视野。

每周做一次读书交流。学生将自己的感悟带到小组和班级中,与同学们一起交流,碰撞出智慧的火花。

通过读书笔记展示读书成果。

(三)灵活多变的阅读活动

灵活多变的阅读活动能够激发学生们的阅读兴趣。班级每个月都会表彰奖励优秀阅读个人和优秀阅读小组,并请各个小组简要汇报阅读成果。班级鼓励大家参加各类征文活动,通过活动让学生们大显身手。

(四)师生共读

教师个人阅读的丰富经历,能够为学生阅读拓宽视野,提供不同的视角。师生共读是为了使师生能够更好地交流。在读书的过程中,教师与孩子们一起沟通,坦诚地交流自己的感受,大家可以因为分歧而讨论,因为赞同而会心一笑,师生的情感自然而然会得到升华。

五、课程评价

全班学生的语文成绩从入学时的平均分 75.6 分提高到 89.4 分。成绩的提高,与大家平时的阅读积累有很大关系。写作中素材恰到好处的运用,流畅优美的表达,这些进步都是在潜移默化的阅读中完成的。

学生的征文比赛有佳绩,形成"以赛促练,以赛促优"的良好循环。征文比赛能够提高学生写作的积极性,让学生在更加广阔的平台与更高水平的选手进行比拼,寻找到自己的差距,在接下来的阅读和写作中进行弥补与提高。

学生的活动发言受好评,自主写稿有观点。表达和交流是对学生综合素养的一种考察,大家在文字中透露出来的立场、观点都是在学习了他人的智慧后的自我总结与提升,这将为学生今后的长远发展奠定基础。

任季节变化,任天寒地冻、酷暑难挨,至乐不过读书。阅读的光阴,足可以让一个人完成心灵的蜕变。淡淡的墨香不必刻意涂抹,在用手捧起图书的那一刻,自会浸染到灵魂的深处。当读书成为生活的一部分,勤思好问便会成为一种习惯。书中的智慧能够让学生拥有发亮的眼睛,会思考的大脑。阅读能够让学生们为人生做好铺垫,并终将通过阅读改变自己的命运。

【案例四】用爱与责任唤醒学生的心灵

一粒种子即使落入山谷，只要有雨露的滋润和阳光的照耀，也会开出美丽的花朵。我喜欢把那些调皮或暂时落后的学生比作山谷里的野百合，我坚信如果我用爱的雨露滋润他们，用信任的阳光照耀他们，他们将会开出灿烂的花朵。

他叫蓝蓝，是我走入这个班时最差劲的学生。他聪明却懒惰，善良却无知。这样一个少年在两年的时间里发生了脱胎换骨的改变。此时，他已经启程为下一个胜利而努力，不知他是否还能从照片中认出曾经幼稚的自己。

还记得在军训基地，当我的双手搭在他的肩膀上时，我懂得了教师应该信任学生，于是从那时起，我们一同绘制了一个美丽的绿色军营之梦，从那一刻起，他稚嫩的双肩开始担负自己的前途和未来；还记得我恳切的话语和中肯的劝告，让他懂得了青春应该在失败中寻找前进的方向，当他向我哭诉着自己到了新环境不适应时，我才发现原来他是那样依恋我，我感到了一种被需要的幸福；还记得在他的病床前，我关切的问候和责怪，让他懂得了莽撞和冲动是成长中的苦酒，那一刻他如同一个受尽委屈的孩子般泪流满面，我才发现原来他是如此渴望得到我的谅解，我感到包容一个人远比抛弃更有力量。

我们在一起的时光是紧张的，我用自己的毅力和勇气教会了他坚持，今天的他迈进了更高的学府，一步步实现我们当初的梦想。我们在一起的时光又是快乐的，他用自己纯真的想法带我走进了孩子们简单的世界，让我烦乱的思绪在那片净土中得到了片刻的安宁。有时我会给他送上鼓励的话语，因为那会让他发现自己的优势，找到备战中考的信心。有时我会对他进行严厉的批评,因为那会让他明白犯错误要自己承担后果。当我和他携手并肩走向中考时,他自信的笑容让我懂得了教师的爱对于学生是多么珍贵。他很少对我说感谢的话,但每次见到我总会给我一个真诚的微笑。正是这样的笑容,让我感到班主任工作的幸福。

小诗《咏山泉》是班主任形象的真实写照:

山中有流水,借问不知名。

映地为天色,飞空作雨声。

转来深涧满,分出小池平。

恬淡无人见,年年长自清。

我愿同那山间的一泓泉水,流过每一粒种子,滋润每一个生命,在我经过的地方,一路繁花,一路芳香。山间清泉永远默默地滋润学生的心田,而我将永远如山间清泉那样悠然洒脱地继续教育学生。

第二节　钱雪梅老师班级文化建设的思考与实践

【案例一】做与时俱进的教师

——浅谈如何与当代中学生建立和谐的师生关系

随着时代的发展,科技的进步,当代中学生发生了很大的变化。作为一名中学教师,只有了解当代学生、适应学生的变化并自己做出改变才能成为合格的教师,建立和谐的师生关系。

中学生的心理发展处于过渡期,中学初期(少年期)和中学后期(青年初期)的状态有两种不同的特点。前一时期(即少年期),是一个半幼稚、半成熟的时期,是独立和依赖、自觉和幼稚错综复杂、充满矛盾的时期;后一时期(即青年初期)是一个逐步趋于成熟的时期,是其独立走向社会生活的准备时期。学生在前一时期还保留着一定的幼稚,到后一时期却展现着成熟后的独立和自觉。即使到了青年初期,他们也只是刚刚达到成熟时期,认知能力和水平还不够高,状态还不稳定,需要教师、家长对其关怀和指导,以便加强他们的自我修养,使其真正走向成熟。

对于这段时期学生的教育,我们应该注意以下几个方面:

一、跟上中学生的"时尚"心理,走进学生的生活

学生在中学以前处于幼稚期,需要成人的照顾、保护,此时他们比较听话,非常依赖教师和家长。进入中学阶段后,学生个体逐步发展,渐渐走向成熟,会有自我膨胀感,渴望独立,过高估计自己。此时是教育过程中最难的时期,而我们中学教师恰好面对的就是这样的学生。

如果学生认为老师"老土"、跟不上时代,那教师所说的话很有可能会"大打折扣"。教师也许无法喜欢学生们喜欢的东西,但起码应该对于学生喜欢或关心的内容有所了解。比如一些学生喜爱的电视台娱乐节目等。了解这些内容有助于教师把握学生的思想,如果再适当引用,用来教育学生,学生会更愿意接受。例如:周杰伦的歌曲《听妈妈的话》,讲述了一个人想要成功需要努力,放弃一些玩乐,妈妈说的一些话都是为了我们好。我们以此为例去教育学生,效果要比告诉他们"不努力以后没出息"更好。

二、重视中学生的自尊心，尊重每一个学生

现在的中学生多数是独生子女，他们在优越的生活环境中长大，很少会受到挫折。中学生自尊心很强，非常在乎自己是否受别人尊重和别人对自己的看法。

学校就像一个小社会，学生来自不同的家庭，大家个性、能力各不相同。在学校中，成绩好的学生比较容易得到尊重，他们各方面表现都比较好，老师喜欢，在同学中比较受欢迎，自尊心容易得到满足。但学校中的学困生，他们在家也是备受疼爱，可在学校得不到重视，渐渐的，心理失衡的他们容易做出一些特别的举动。所以，我们对于学生要一视同仁，给学困生同等的重视与尊重。也许班级中的学困生暂时成绩不突出，然是我们要挖掘他们身上其他的优点。曾经，班级中有几名同学是体育生、艺术生，他们在体育和文艺方面的表现都很优秀，但是文化课却基本一窍不通。英语课上，教师让学生们依次轮流翻译英语短文，轮到体育生时，如果他们不会，教师就会让他们唱首歌，再进行到下一个同学。体育生和艺术生虽然有些跟不上学习节奏，但他们并没影响过课堂秩序。课堂氛围很和谐，在课堂上没有谁是被孤立的。

一次在上课时，笔者叫一列同学读课文，每人一句。坐在后面的一个同学就是跟不上学习节奏的学困生。快到他时，我意外地发现他也有意识地准备了一下，并小声问周围的同学需要读什么。在旁边同学的帮助下，他也完成了他的朗读任务，这让笔者看到了希望。在接下来的几个班里，笔者也尝试使用了这个方法，并且发现对于有些学困生而言，他们也能跟得上大家，这说明即使是学困生，他们也渴望参与，不希望被抛弃。所以，

给予学生应有的尊重时,一个也不能少。

三、掌握中学生的"摇摆"心理,指导学生发扬优点,改掉缺点

中学生希望受人重视,希望大家能把他们当成大人,当成社会的一员。他们思想单纯,敢想、敢说、敢做。在班级建设中,我们应该把他们当成班级这个小社会的一员,让学生参与班级的建设和管理,给他们特定的时间,让他们为班级建设出谋划策,给他们一定的职务,让他们负责管理。但中学生毕竟不成熟,容易偏激、容易摇摆,在克服困难的过程中毅力不足,往往会把坚定与执拗、勇敢与蛮干混同起来,所以,在工作中会出现这样或那样的问题。这时教师要给予正确的引导,塑造学生正确的是非观,让大家学会换位思考,避免事事以自我为中心,适时发挥集体教育的优势。教师要注意观察学生的日常行为,时时提醒,帮助他们选择出一条正确的道路。

四、关注中学生的"模仿"心理,做好学生的榜样

在教育与接受教育的这个过程中,可以说,学生无时无刻不在关注着教师的表现,教师要求学生做到的,学生一定会看教师有没有做到。教师的表现直接会对学生的做法产生巨大的影响。成功的教师会受到许多学生发自内心的崇拜,教师会以学生为榜样,模仿教师的一举一动。学生的这种模仿心理就要求教师必须以身作则,率先垂范。教师就是学生最好的榜样,教师要求学生做到的,自己应首先做到并且要做到最好。例如,我们要求学生说话算话,那自己对学生的承诺就一定要兑现。如果我们要求学生上课不能迟到,那我们在上课时也要提前到所教

班级做好准备。诸如此类事情,教师做的时候,学生就看在眼里,记在心里,如果教师能长期为学生树立一个良好的榜样,那么一定能够潜移默化地起到教育作用。

当然,中学生的特点有很多方面,远远不止我们提及的这四点,我们教师要做的也不是几句话就可以说完的。随着经济的持续发展,生活在不断改变,中学生的特点也会随之发生变化。这就要求我们教师在教育教学中不断地去发现、总结,与时俱进,以寻求更有效的教育措施,把教师与学生的关系处理好,用最合适的方法把学生培育成才。

【案例二】治班方略
——"体验教育"助力学生成长

有人说,没有当过班主任的教师生涯是不完整的。那一年,41个孩子走入了我作为班主任带领的第一个班,我将班级命名为正齐轩,希望班里的每一个孩子都正气十足,班级充满正能量。但是一段时间过后,我发现我的一些想法仅停留在"我想",学生总是不能如我期待的那样改变,为此我很是苦恼。一天晚上,当我和孩子一起听睡前故事《小马过河》时,我突然感觉到,小马的妈妈是充满智慧的,它让小马亲自去体验小河的深浅。体验中的成长是说教代替不了的,我也该让班中的孩子们在尝试和体验中成长。由此,我开始进行"体验教育"。

一、"体验教育"的理论依据

所谓"体验",简而言之就是指通过实践来认识事物。"体验教育"就是教育对象在实践中认知、明理和成长。"体验"包括两个层面,行为体验和内心体验。行为体验是一种实践行为,是亲身经历的动态过程,是学生发展的重要途径。内心体验则是在行为体验的基础上所发生的内化,是心理升华的过程。行为体验和内心体验两者相互作用,相互依赖的,共同对促进学生发展产生积极作用。教师要引导学生们在体验中把教育要求内化为品质,外显为行为。

二、"体验教育"的实施

(一)"体验教育"助力小组建设

1."体验教育"让学生们懂得互助

为了更好地开展合作学习,班级中组建了四人一组的学习小组。一段时间后,小组组员之间互相排斥,班委、同学之间的矛盾越来越多。于是,我觉得应该有一个机会,让那些平时在课堂上、学习中优点不明显的同学帮助别人,展现自我。于是我带着大家来到操场上,让同学们以小组为单位,负重跑三圈。活动中,那些平时调皮捣蛋的男生都帮着女生拿书包,大家在活动中互帮互助。活动后,学生们的感受很深刻,大家看到了很多同学平时不多见的闪光点,很多同学改变了自己对组员的看法。

2."体验教育"让班级更加团结

在之后的班会中,师生彼此分享了对负重跑活动的体会,然后又进行了一次"举手"比赛。当时大家的表现让我非常感动,很多组男生的手臂都撑在了女生的手臂下面,大家互相支持,谁都不说放弃。活动后大家纷纷表示"没有想到",组内和班级都变得更加团结。

(二)"体验教育"让学生们懂得惜时

学生们在课间常常会闲着无事可做,时间白白浪费掉非常可惜。我看在眼里,急在心里。为了解决这个问题,我带着大家把一生的时间缩画在手中的小纸条上,通过一点点"撕掉"时间,看着手中渐渐变短的纸条,大家懂得了时间可贵,不能浪费。接下来,我们在班级中开展了"一分钟背单词"活动,通过这一活动,大家发现原来一分钟可以掌握很多知识,再计算一下每天课间的时间一共有多少分钟,如果能充分利用,自己将会获得不少的收获。通过这一活动,大家深深地懂得了应该如何珍惜时光。

(三)"体验教育"助力梦想建设

1."体验教育"让学生拥有梦想

学生渐渐长大,他们需要拥有自己的梦想。我带领大家一起参与活动"闭上眼睛,穿越时空,看未来"。有的同学说未来的自己正和好友走在大学的校园中;有的同学说未来的自己正穿着职业装在公司中担任要职……通过活动,每个孩子都有了自己的梦想。

2."体验教育"让学生为梦想而拼搏

梦想不是能轻易实现的,需要我们为之努力和坚持。如何才能让大家懂得这个道理呢? 我让大家写下自己的梦想,放在特制的小瓶子里,放在自己每天都能看到的地方。虽然梦想离我们还有距离,实现梦想的过程没有捷径,但我们要想办法去实现。只要我们坚持不放弃,就一定会成功。

(四)"体验教育"让学生们挖掘潜能

临近中考,面对繁重的学习任务和考试压力,大家有些心浮气躁。为了解决这个问题,我为大家拿来两杯满满的水,让大家猜猜在不让水溢出的前提下,还能放进杯子里多少个回形针。有的同学说能放进去十个,有的同学说能放进去二十个,当他们亲自去尝试的时候才发现,满满都是水的杯子里居然还能放近两百个回形针。我告诉大家,其实他们每个人就如装满水的杯子,看上去已经"满"了,其实还有很大的潜能。

在"体验教育"实施的过程中,往往我还没有说道理,同学们就已经懂了。大家在一次次活动中牵起手,变得越来越团结,懂得了珍惜时间,拥有了自己的梦想,懂得了拼搏可以创造奇迹。类似的体验活动还有很多,同学们在"体验教育"中,得到了充分的成长。

【案例三】化作阳光,融化冰山

著名教育家陶行知先生曾说过这样一句话:"你的教鞭下有瓦特,你的冷眼里有牛顿,你的讥笑中有爱迪生。"每个孩子来到这个世界时都是纯洁的天使,他们受环境影响,向周围人学习,逐渐长大。当孩子的人生观和价值观没有完全形成时,作为教师的我们正应该帮助孩子"扣好人生第一粒扣子"。

面对一个行为不良的孩子,我们首先要观察其表现,再参照冰山理论分析其行为形成的原因,然后再利用主题教育活动"那些仍旧存在的记忆",以孩子行为的转折点为切入点,逐步化解孩子的"冰山",改变孩子的行为表现。

一、具体案例

第一次接班,我迎来了一群怯生生的小学毕业生。在陌生的环境中开展学前教育,学生们都紧张地听着,按照规范要求去做,在新环境中表现着自己最好的一面。唯独有一个女生,她的眼神很不友善,甚至可以说充满了敌意。在接下来的队列训练中,大家都谨慎地按照教官发出的指令行动,生怕做错动作受到批评,但只有她,一点都不紧张,时不时地笑得特别随意。

我把她叫出来,问:"你想让大家认为你是一个什么样的女生呢?"她不说话。我接着问:"那好,你告诉老师,什么样的女生会得到大家的好评价?"她还是不说话。我问了好久,她才吐出两个字:"文静。"我问:"你是一个文静的女孩吗?"对此,她没有任何回应。我与她的第一次对话就这样不了了之。

偶然间,我听到她小学时的老师对她的评价——她是一个特别"疯"的女生。校长总是提醒我,她行为表现不好,要多注意。一次练绳操时,她动作不到位,受到了校长的严厉批评。她当即哭了出来,我顿时感觉这个女孩是可以改变的,她并不像看起来那样麻木。我没有再批评她,只是走到她旁边对她说:"你要争气,做得好,就不会被别人说。"她用力地点点头。后来校长找到我,觉得一个新班主任管理这样的女生有些太困难了,想要把她调到别的班里去。可是我心里不知道为什么,总是觉得她没有那么差,她会改变的。于是我拒绝了校长的好意,留下了她。

在班里,我交代给她一个任务——在每节课前喊"起立",心想这样她起码不会迟到。她确实没有迟到过。七年级的新生做卫生总是有些地方做不到位,黑板怎么擦都很脏,但唯独她擦得最好,又及时又干净。所有的孩子都是有优点的,她也是这样。

但是教育不会一步到位,我有心理准备,但没想到来得这么快。几天后的一个早上,我看到她被校长叫到班级门口,因为早上到校后在班里和男生打架。我很生气,直接问道:"人家都认为你是'疯'女生,你就愿意一直这样下去?"她又哭了。我发现每次提到别人对她的这种评价,她都会哭,这说明她的心里还是有柔软的地方,但是她就是不愿意敞开心扉与我交流,仿佛周围所有人都是她的敌人。于是我联系她的家长,想要寻求帮助,可让我意外的是,她最亲的妈妈在电话中告诉我这个孩子太难管,已经无可救药了。这一切的背后到底是为什么?我要想办法走进她的内心去看看。

心理学中有一个理论称之为"冰山理论"：一个人的"自我"就像一座漂浮在水面上的巨大冰山，能够被外界看到的行为表现或应对方式，只是露在水面上很小的一部分，而暗藏在水面之下的更大的冰山山体，则是长期压抑并被我们忽略的"内在"。揭开冰山的秘密，我们就会看到生命中的渴望和期待，看到真正的自我。所以想要改变孩子的行为，必须要化作阳光，一点一点融化水面以下的冰山，才有可能改变水面上冰山的外在表现。

走进一个孩子冰封了的内心，硬来可不行。我利用主题教育时间设计了一个小活动"那些仍旧存在的记忆"，让孩子们在白纸上画一个坐标轴，纵坐标代表年龄，从 0 岁到现在的 14 岁，大家有哪些记忆是没有忘记的，可以通过图画、表情或文字表示出来，让老师更加了解自己。很多孩子画的都是简单的笑脸，或是写下不舍得告别小学来到中学，等等。而这个"冰山女孩"在自己 11 岁时画了一个愤怒的表情，再没有其他。我想这一定和她的"冰山"有关。

一节体育课时，她因为肚子疼一个人在班里休息。我倒了一杯热水给她，坐下来与她聊天。我想知道她的 11 岁到底发生了什么，于是有意把话题引到小学，也许因为环境轻松，话题随意，她意外地跟我说话了，还和我讲了一段她的小学经历。当时那个语文老师总是针对她，认为她不好，还总和别人说她的不好，总是为难她。她特别不理解这是因为什么，一直很困惑，所以她很讨厌那个语文老师。我从她的口中了解到，她的父母在她小时候并没有跟她生活在一起，现在回来管她，她很难接受。因为父亲当过兵，所以对她要求很高，但父亲不懂沟通，面对她的任性只会责打，而她从不服软，言语间对父母满是怨恨。我看到了她内心的孤独,没有人相信她,她也不相信任何人。于是我对她说:"改变自己在别人心中的评价要靠自己,老师相信你可以改变,你这样的女生是有能力的,只要用在对的方面,你做什么都会很成功,你一定能改变别人对你的看法的。"她表示愿意改变。我送给她一本书《中学生的第一本做人书》,让她每天早上看一会儿,希望她能一点点改变,建立自己美好的人生。转天早上,当我进班时,看到了静静看书的她。

那次谈话以后,她安静了许多,眼神不再那样充满敌意,再没有在班里大声嚷嚷,有一次班里有个男生对她出言不逊,她也没有还嘴。我从别的老师口中听说她是这样评价我的:"钱老师跟别的老师不一样,能像朋友一样跟我说话,我很信赖她。"

我常常故意让她帮我去做事,多与老师们接触,改变对老师的态度。慢慢地她开始愿意接近老师,会主动帮助老师,也会提醒违纪的同学规范自己的行为,并且积极参加班级的活动。作为班级的博客管理员,她有很多很好的创意。我找到了她的妈妈,让她妈妈明白孩子需要的是爱和鼓励,万万不可给孩子贴上"不可救药"的标签,父母的爱才是孩子内心温暖的来源。我经常会发她良好表现的照片给她妈妈,渐渐地,我也能收到她妈妈发来的她在晚上学习的照片,在她妈妈朋友圈看到她和妈妈亲密的合影,我真心为她们高兴。

二、案例分析

家庭教育方式的不当、自身的性格特点、学校教育不够完善等原因,使孩子出现了极端的行为,成为所谓"后进生"。转变"后进生"需要教师花更多的心思寻找出路,找准方法。

(一)坚定的相信是转变"后进生"的前提

在教育过程中,我们教师应该相信"后进生"同样具有良好的本质,并相信通过自己的爱心与坚持,"后进生"终究能够得到转变。有了信心才能以积极的态度面对"后进生",并努力寻求恰当的方式教育学生,帮助其渐渐转变。在引导教育"后进生"的过程中,教师一定会"碰壁",但我们不能失去信心,不能放弃转变"后进生"的信念,信心是改变一切的基础。正因为有了这样的信心,所以我才能常常看到她的闪光点,愿意去了解她,理解她,她才能与我敞开心扉沟通,愿意改变自己。如果我们心里不相信,无论表面怎样对待,孩子都能感觉到对他们的不认可,我们就不可能真正改变他们。

(二)科学的方法是转变"后进生"的关键

遇到孩子的不良表现,不能冲动、愤怒,冲动是魔鬼,会让我们丧失理智,也容易激化师生矛盾,问题根本得不到解决。我们应该冷静下来,理智思考解决问题的办法。面对这样一个"冰山女孩",如果只针对她的行为去约束她,那样只会适得其反。只有科学地分析,我们才能找到解决问题的关键,进而找准切入点,利用循序渐进的方式,一点一点用温暖来融化"冰山"。

(三)家校联合是转变"后进生"的根本

引导家长一同播撒温暖才能融化孩子内心的冰山。父母是孩子最重要的人,这一点不是老师可以替代的。有时教师必须成为良好亲子关系的调和剂,引导家长正确地表达爱,让孩子能够感受到来自父母的支持和鼓励,这样才能培养出积极、阳光的孩子。

转变"后进生"并非一朝一夕就能实现的目标,他们需要教师付出大量的时间和精力。但是,这样的孩子才是最需要我们教师的人,教师要竭尽所能帮助孩子"扣好人生的第一粒扣子",即便冰山再坚固,教师也要化作阳光,融化冰山。

【案例四】"不能没有你"主题班会设计

一、主题班会设计背景

班级是一个集体,集体的进步需要大家团结一致,共同努力。当前,有些同学或因为性格内向、思想偏激,或因为与同学不和,缺乏集体荣誉感,总是把自己排除在集体之外。教师希望通过主题班会让所有同学融入集体,充分感受成就感,增强班级凝聚力。

二、主题班会设计思路

主题班会由视频《团结》导入,让学生理解"集体的力量如钢铁,众人的智慧如日月"。然后让同学们组成小组完成活动"叠叠乐",唤醒小组同学的合作意识。通过对小故事的分析使得同学们明白"众人拾柴火焰高"的道理,再让同学们讨论哪位同学对班级最尽心尽力,体会周围同学对班级的付出,让大家向榜样学习。通过活动"花儿朵朵开",让大家感受小组团结互助的快乐,制作独属于每个小组的气球花。通过班会活动让同学们感受到融入集体的重要性和自己获得的快乐。

三、主题班会前的准备

音乐《青春修炼手册》《夏天欢快的小音乐》,视频《团结》,自制演示文稿,电子相册"因为有你"。

四、主题班会流程

(一)情景导入

教师创设情境,带领同学们观看视频《团结》,并请几位同学分享观看后的感受。在此过程中,教师应关注同学们的状态,引导同学们产生"每个人都应为集体尽一份力"的意识。

(二)活动"叠叠乐"

游戏规则:每个小组的桌子上放有 20 个纸杯。大家先将纸杯口朝下依次排成两排,然后每人操作橡皮圈上的一根短绳,共同将纸杯堆起,纸杯堆起的高度越高越好。操作过程中手不可以接触到纸杯,否则视为犯规,需要重新再来。

教师在游戏过程中要仔细观察每个小组的表现,为做总结做好准备。对于成功的小组要及时给予肯定,对于没有成功的小组要帮助他们找到原因,鼓励他们再去尝试。

游戏结束后,教师请大家先以小组为单位交流游戏感受,然后由小组推荐一名同学与全班同学交流游戏体会。

(三)活动"小故事大道理"

教师请具有代表性的学生为同学们读关于团结的小故事,在这一过程中需要注意同学们的反应,关注学生是否理解。之后,请同学们分享听完小故事后的感受。

(四)活动"我们身边的榜样"

教师提问:"大家觉得班里哪位同学一直为班级事务尽心尽力?"然后请几位同学说说自己的想法。

在这一过程中,教师需要注意提醒学生关注自己身边的人和事情,在学生分享自己的感受时,教师应重点引导学生说说未来自己应该怎么做。

(五)活动"花儿朵朵开"

每个组的桌子上有气球、线绳和剪刀。每组同学互相配合，共同制作气球花。在规定时间内，看看哪组完成得又快又好。制作好气球花之后，全组同学共同给自己组的气球花起一个响亮的名字，代表本组的精神。

教师在活动过程中需要观察每个小组同学的分工合作情况。在小组展示气球花时，教师应提醒学生说出自己组的分工，体现集体力量的重要性。

(六)教师总结升华

在教师总结前，先播放用孩子们的照片制作成的电子相册"因为有你"，让同学们感受和集体在一起的快乐，从而能更好地融入集体。

接下来，教师进行总结："在班会活动中，大家群策群力，每个人都发挥了自己的作用，与小组成员共同努力。从同学们的表现中，老师可以感受到，学生们的感悟很深刻，很多同学改变了自己对组员的看法，看到了同学们平时少见的闪光点。同学间的关系更融洽了。老师相信，每个孩子都有自己的优点，有时受平台限制，没有展现出来。只要在适合的舞台上，每个孩子都能大放异彩。大家一齐努力，我们将是一个星光闪耀的班级！"

【案例五】体验式班会设计"坚持的路上有你有我"

一、班会设计背景

七年级的学生刚刚升入初中，对于初中的学习生活有些不适应。七年级的教学常常采用小组合作这一学习方式，小组成员在课堂上需要共同学习，在班级活动中需要互相配合，互相帮助,大家团结一心,共同争取小组荣誉。但是刚刚小学毕业的学生们不太适应小组合作学习方式,各个小组都不够团结,班级缺乏凝聚力。此外,初中较为繁重的学习任务使得一些学生出现了消极、遇到困难轻易放弃的问题。为了让学生们增进感情,增强小组凝聚力,教师特设计了体验式班会"坚持的路上有你有我"。

二、班会设计思路

班会由图片"水滴石穿"引入,让学生们猜想"石穿"是如何形成的,初步感知一滴水长期坚持产生的力量。然后,请同学朗读苏格拉底的小故事,让同学们明白成功在于坚持。接下来,教师请同学们与小组成员分享自己做过的最成功的事。在播放前一天本班各小组集体长跑的视频后,请同学们分享活动的感受,教师引导学生思考应该如何对待自己觉得很辛苦的事情。最后,教师请同学们共同参与小组举手比赛,通过活动体会不同的组员在活动中的作用和表现,进而懂得珍惜小组成员。

三、班会前准备

歌曲《向前闯》《我相信》,自制演示文稿。

四、班会流程图

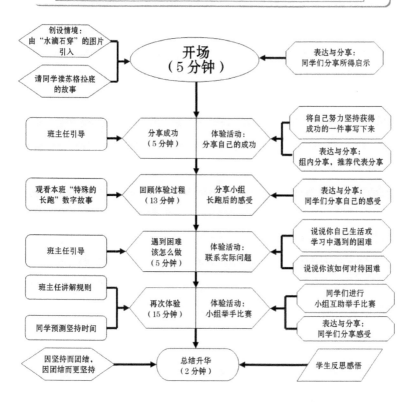

"坚持的路上有你有我"体验式班会流程图

五、班会流程

(一)情景导入

教师创设情境,请全班同学共同观看图片"水滴石穿",并提出问题:"大家猜猜看,这块石头上的小孔是怎么形成的?"接下来,教师请一位同学朗读关于苏格拉底的小故事,并请几位同学分享自己的感受和启示。

同学们通过图片"水滴石穿"能够感受到,一滴水虽然力量微弱，但是持之以恒，便能够穿透石头。教师应重点提示学生"石穿"是由于一滴水的坚持。通过苏格拉底的小故事，学生能够领悟到坚持是获得成功的必备要素。

（二）分享成功

教师导入："成功在于坚持，这是一个并不神秘的秘诀。你做过的最成功的事是什么？你是如何做到的？请大家与小组成员进行分享，由小组推荐一名同学与全班同学进行分享。"

世间最容易的事是坚持，最难的事也是坚持。说坚持容易，是因为只要愿意做，人人都能做到；说坚持难，是因为真正能做到的，终究只是少数人。在活动过程中，教师应关注各个小组交流中出现的特别值得展现的事例，观察哪些同学说了出来、哪些同学没有说出来，为之后的教育教学工作做准备。

（三）观看视频"特殊的长跑"

班会前一天，让同学们在操场上以小组为单位，每位同学负重（背着一个装有相同七本书的书包）跑三圈。如若实在背不动，书包可由本组同学代拿。最先全员完成长跑任务的小组获胜。比赛过程中，教师在旁边观察比赛情况，并用相机记录比赛过程中出现的团结互助的画面，在比赛结束后，制作视频"特殊的长跑"。

班会上，全班观看"特殊的长跑"视频，共同回顾小组成员一起努力拼搏的快乐，分享活动后的感受，对小组成员表现做评价。教师要特别关注平时不太团结同学的学生的表现，引导大家感受他们在活动中的变化，鼓励大家挖掘同学们的闪光点，增进同学们之间的感情。

（四）"遇到困难该怎么做"

教师："请大家想想自己在平时的学习和生活中，哪些事让自己觉得很辛苦？应该如何应对这些事呢？"教师请四位同学与大家说说自己的想法,注意引导学生谈谈未来自己应该怎么做,并明确只有坚持才会成功。

（五）小组举手比赛

活动前,教师请学生先预测一下自己双手平举、掌心向下能坚持多久,并想办法和小组成员一起延长坚持的时间。

为了展现小组团结的作用,教师可提示同学们在保证手臂不放下的前提下,可以转身或是互相鼓励,利用各种办法延长坚持的时间。在比赛过程中,教师可以播放歌曲《向前闯》,歌曲结束后,老师可以告诉同学们大家已经坚持了五分钟,超过了很多同学的预测。之后,教师可以播放歌曲《我相信》,鼓励同学们继续坚持,教师在场地中走动,观察各个小组所用的方法,找关键点,及时鼓励同学们。十分钟后,如果没有小组成员放弃,教师可请同学们为自己的坚持喝彩,结束比赛。

教师总结："在活动过程中,每个组用的方法都不一样,小组的智慧得到充分的展现。比赛的成功离不开每一个帮助和鼓励组员的同学。在我们面前还有很多的困难。大家还记得我们关于梦想的承诺吗？我们要团结在一起,共同努力坚持,克服困难,坚守承诺。我们因坚持而团结,我们因团结而更有力量。"

【案例六】"敬业与我,知行合一"主题班会设计

一、班会设计背景

敬业是社会主义核心价值观的一部分,也是个人成功的必备精神。青少年正处于价值观形成的关键时期,教师应该引导学生形成正确的价值观,扣好人生的第一粒扣子。

二、班会设计目标

本节班会国家责任、社会责任、个人价值等,通过平凡的话语、周边的人和事展示出来。班会所举事例由大及小,由虚到实,层次清晰。学生们通过感悟、认同,明白敬业精神对自身成长的重要性,进而形成敬业的价值观。

三、班会流程

(一)知敬业

1. 自然引入,关注"敬业"

教师请同学们回忆社会主义核心价值观的内容并思考为何将"敬业"作为公民的道德准则。

2. 细心发现,寻找"敬业"

在班会前,教师请同学们寻找自己身边最敬业的人,并搜集相关事例。班会上,请大家讲一下自己身边最敬业的人的具体事例。

学生分享完毕后,教师请同学们以小组为单位总结概括敬业的人具备怎样的品质和特点,并将答案写下来粘贴在黑板上。教师应抓住学生表达的关键词,做简单总结。

3. 归纳解读,理解"敬业"

教师总结:"敬业是一个人对自己所从事的工作及学习负责的态度。'敬'的意思是尊敬、敬重,意味着高度重视、优先考虑、用心对待、热情投入,等等。简单来说,我们可以这样描述敬业——敬业,就是重视自己的工作和学习机会,责任和价值,用心投入,积极地为个人、团体和社会创造出良好的效益和价值。敬业的关键词有责任、用心、积极、热情……"

(二)"敬业"与我

1.敬业与将来的我

教师:"现在我们已经知道了什么是'敬业',做到了'知敬业'。那么敬业与我们到底有什么关系呢? 请大家观看视频《年轻人,你能为世界做点什么》,并回答问题'当社会的主力是你,你能为世界做点什么?'"

学生回答完之后,教师可以根据学生的回答进行总结:"如果你是清洁工,你的勤劳能为社会增添一份洁净。如果你是快递员,你的用心会让社会多一分温暖。如果你是工程师,你的钻研会推动社会的发展。如果你是科学家,你的执着可能会改变人类的未来……"

2.敬业与现在的我

教师引导学生思考:"敬业是长大以后的事,与我们现在有什么关系?"教师请大家阅读比尔·盖茨的故事,师生共同讨论后得出结论:决心和毅力决定了一个人做事的成败,敬业精神应该从小培养。

教师:"现在的你,作为班级的一员,你在班级中的职责是什么?"学生回答,教师总结,唤起每位学生对班级的责任感。

教师明确个人对于国家、社会、民族的责任:"作为学生,我们最该做的是'敬学业'。学业决定职业,决定我们未来如何更好地为国家做出应有的贡献。"

(三)行"敬业"

1.敬业与行动

教师请学生们观看平时课间学习时的照片,唤醒学生的行动意识。然后,教师引导学生学习老师们的敬业精神,将敬业精神转化为学习的动力。

2.敬业与决心

教师请学生观看昨晚大家在停电中学习的照片,并进行总结:"没有做不到,只有不想做。拿出拼搏精神,便能敬小业,成大业"。

(四)"敬业"与我,知行合一

教师总结:"今天我们知道了什么是'敬业',也懂得了敬业与自己的关系,今后我们要做的就是将敬业知行合一。让我们一起宣读成就学业的敬业法则——敬业与我,知行合一,把握现在,成就未来。"

(五)活动延伸

教师可利用主题教育时间开展"我敬我业"的主题演说活动,促进学生将敬业精神内化于心。

定期评选班级中的"敬业明星",促进学生相互学习,将敬业精神外显于形。

【案例七】"找回你的专注力"体验式班会设计

一、班会设计背景

专注力又称注意力,指一个人专心于某一事物、活动时的心理状态。在我们学习的过程中,专注力非常重要,一旦我们无法集中注意力,一切有用的知识、信息都无法顺利获得。法国生物学家乔治·居维叶说:"天才,首先是专注力。"良好的专注力会大大提高学习的效率,增强学生的学习信心,是班级学习效果的保证。

二、班会设计目标

本节班会属于体验式班会,让学生在体验中成长。通过活动让学生了解什么是专注力,明白专注力的重要性,发现自己在专注力方面的不良习惯,积极寻求养成良好专注力习惯的办法,提高课堂听课效率,增强学习能力,规范行为习惯,从而提高基本素质,养成良好的道德品质和文明行为,为一生的发展奠基。

三、班会流程

(一)自然引入,感知"专注"

教师请同学们伴着欢快的音乐观看视频《可爱的动物》,营造轻松愉快的氛围。

教师引入问题:"同学们,在刚才播放的这段视频中,我们看到了许多可爱的动物。请大家回忆一下自己看到了哪些动物?你能按照动物出现的顺序将它们排好序吗?请同学们试着将答案写在纸上。"

学生写完答案之后,教师请学生再次观看视频,自我检查准确率。之后,请学生自愿分享自己的答案,与全班同学交流自己的感悟与心得。

(二)游戏激趣,探知"专注"

教师提问:"有人说做事不专注、有杂念,就如同一手画圆、一手画方。这样不专心会出现怎么样的结果呢?请大家试着一手画圆、一手画方,然后与大家分享结果与感受吧!"

通过活动,使学生充分感受到不专注的弊端,教师抓住学生分享过程中提及的与专注力相关的词汇,做简单总结。

(三)归纳解读,理解"专注"

教师提问:"刚才同学们感悟到了专注力的重要性,现在大家能说说什么是专注力吗?"

教师对于学生的回答进行总结:"所谓'专注',就是集中精力、全神贯注、专心致志地去做某一件事情。如果每一件事你都能全神贯注地去做,那么恭喜你,你拥有了专注的习惯,具备较高的学习效率。"

(四)联系实际,寻找"专注"

教师展示平时上课的照片和视频,请同学们观看,并找到最专注的同学。

教师提问:"大家都非常准确地找到了最专注的同学。请大家说说看,这位同学有哪些特点呢? 你平时有没有不专注的时候,今后应该怎么做呢?"

学生可联系平时自己的表现,畅所欲言。

(五)事例分析,深化"专注"

教师讲述王石登山的真实经历,请学生们谈谈启示。

教师小结:"一个专注的人,往往能够把自己的时间、精力和智慧凝聚到所要干的事情上,努力实现自己的目标。在遇到诱惑、遭受挫折的时候,他们能够不为所动、勇往直前,直到最后取得成功。"

(六)参与体验,养成"专注"

教师:"取得好的学习成绩、事业获得较好的发展,需要养成专注的习惯。学习乐器是训练专注力的有效方法之一,除此之外,还有很多训练专注力的好方法,比如利用舒尔特表格训练法来增强关注力。"教师请同学们体验舒尔特表格训练法,五分钟后同学们比赛,看看谁最快。

比赛后教师进行总结："从现在起，我们专注去做每一件事，养成专注的习惯，当我们拥有了专注力，定会成为人生的赢家。"

(七)活动延伸

教师可以利用主题教育时间开展"舒尔特擂台赛"，促进学生进行专注力训练。

每周发动科任教师联合评选班级"专注小达人"，鼓励学生提升专注力。

关注专注力较高的孩子与他们的成绩，说明专注的效果和作用，进一步影响学生。

【案例八】"走出舒适圈，主动成长"主题班会设计

一、主题班会设计背景

少年是一个人成长的关键时期。在这一时期，他们思维敏捷，接受新事物和创新能力很强，因而是学习知识技能、提升个人能力的"黄金时期"。但是，少年学习时容易从兴趣出发，经常转变学习目标，缺少明确的方向和克服困难的勇气。所以，教师要选择合适的方法进行引导教育。

二、主题班会设计目标

本节班会让学生通过体验活动，亲身感受并理解什么是舒适圈，懂得舒适圈在自己的成长过程中可能会限制自身能力的提升。教师引导学生参加实践活动，激发学生潜能，增强学生打破舒适圈的勇气和智慧，进而主动成长。

三、课前准备

相关的音乐、视频、自制演示文稿、活动记录单、回形针、装满水的水杯。

四、主题班会流程

在主题班会正式开始前,请同学们简单说说为什么青年时期是人生的关键期。通过聊天的方式活跃氛围,引发学生思考。

(一)活动感知,体会"舒适圈"

教师请同学们自然地十指交叉相扣5秒,再从相反的方向十指交叉相扣5秒,感受两次不同动作带来的不同感觉。接下来,请同学们双手分开,充分放松后再十指交叉,请同学们看看自己是按照习惯交叉手指还是与第二次一样反方向交叉手指。教师简单统计不同结果的人数,学生谈自己的感受和这么做的原因。教师抓住学生表达的关键词,做简单总结。

(二)解读概念,理解"舒适圈"

教师通过刚才的活动引出"舒适圈"的概念:人们都活在一个无形的界限里,当我们在自己熟悉的环境与认识的人相处、做自己会做的事,我们会感到舒适;反之,当我们走出界限,在不熟悉的环境中与不认识的人相处、做自己不会做的事情时,我们就会感到不舒服,自然地想要退回到熟悉的环境中。如果我们不刻意走出自己的舒适圈,个人的发展以及进步就会很慢,无法发挥自己的潜力过精彩的人生。人们在思维方式、人际交往、学习习惯等方面都会有"舒适圈"。

教师讲解完之后,请学生联系体验活动理解"舒适圈"的概念。

(三)自我分析,找到"舒适圈"

教师提问:"大家有没有阻碍自己成长的'舒适圈'呢? 请写出一个阻碍你成长进步的'舒适圈'。"

学生写完后,彼此之间可以适当交流。

(四)激发潜能,突破舒适圈

1. 能力测试,发现问题

教师:"每个人都有自己的'舒适圈'。心理学家指出,如果一个人长久地不愿意离开舒适区,那么他克服挫折的能力会相对较低,个人发展及进步会很慢,潜力也无法发挥。当我们想突破'舒适圈'的时候必然要面对挫折,现在我们来测试一下大家的抗挫折能力。"

小测试:教师读题,学生作答,最后计算总分。

2. 实践活动,见证潜能

教师:"有时候我们会觉得自己已经到达极限了,没有再突破的可能了,就像大家眼前装满水的两个杯子。现在我们来做一个小实验,看看这个盛满水的杯子,在不让水溢出的前提下,能放入多少个回形针。"

所有学生思考后,将预测的数字写在活动记录单上。然后,请学生代表做实验,所有同学一起见证结果。实验结束后,教师请学生谈谈自己的感受和收获。

教师总结:"不要为自己设限,不要过高估计困难的程度,也不要过低估计自己的能力。相信咱们大家每个人都能走出自己的'舒适圈'。"

3. 观看名人视频,增强信心

教师请全班同学观看尼克·胡哲的视频,并请学生谈谈自己的感受。

教师总结："一个人成长的快慢,关键是看他是否愿意冒一些风险,尝试去做自己没做过或不拿手的事情,从自己的'舒适圈'中走出来,在经验教训中成长。所有优秀的人都有自己跟自己较劲的经历。"

4.尝试感受,深化理解

教师解读"舒适圈""学习圈""困难圈"的关系,引导学生尝试多次反习惯交叉手指,体验走出"舒适圈"的感觉。

教师总结："扩大舒适圈需要循序渐进、明确目标、坚定信念和积极行动。"

5.寻找方法,主动突破

教师："敢于走出个人'舒适圈'、愿意接受挑战才会激发潜能,获得成长。我们要把握机会,迈出勇敢的第一步。大家想想看,自己可以采取什么方法走出'舒适圈'?马上就能开始做的事情是什么?"

学生思考后将答案写在记录单中,并和大家进行交流。

(五)活动延伸

利用主题教育时间在班级中定期进行话题交流,谈谈自己的改变和看到的某位同学的改变,比一比谁真正走出了自己的"舒适圈"。

开展班级活动,寻找班级的"舒适圈",为班级制定一个新的小目标,大家一齐努力达成。

第三节　王东东老师班级文化建设的思考与实践

【案例一】浅谈班级文化建设之体会

每一个成功的班主任都深深懂得班级文化建设的重要性，会把班级文化建设当成班集体建设的重要阵地和艺术手段。班级文化是一种精神气质，是一种价值理念，是整个班级的"魂"。

学校和部队有相似之处。电视剧《亮剑》中的李云龙说："一支具有优良传统的部队，往往具有培养英雄的土壤，英雄或是优秀军人的出现，往往是由集体形式出现而不是由个体形式出现，理由很简单，他们受到同样传统的影响，养成了同样的性格和气质。任何一支部队都有自己的传统。传统是什么？传统是一种性格，是一种气质，这种传统和性格是由这支部队组建时首任军事首长的性格和气质决定的，他给这支部队注入了灵魂，从此，不管岁月流逝，人员更迭，这支部队灵魂永在！"班级的"魂"取决于班主任的个人气质品行，这是因为班级文化建设是一种渗透在班级活动中的行为准则，是班级成员在班主任的引导下，朝着班级目标迈进的精神力量。

一、构建和谐的班级文化，创设优良的育人氛围

国家要建设和谐社会，班级要创建和谐班级文化，这关键在于学校领导的重视和学校的外部环境。"以德治校，德育为先"

"德育为教学保驾护航",这不是一句口号,而是对学校和老师提出的要求。学校教育是要培养人的全面发展,而不仅仅是教授知识,教授知识只是学校教育中的一部分。可是当今学校中有一些老师只关注学生的成绩,认为德育是可有可无的教育内容,只顾传授文化知识,没有把德育贯穿整个教学活动中,到头来老师会感觉到学生越来越难教,越来越难管理,学生厌学等现象层出不穷,最终导致整体教学质量下降,学生成绩下滑。究其原因,就是因为教师忽视了德育工作和班级文化建设,学生思想教育工作没有跟上。

我的班上有一名男生,经常迟到,很少交作业。家长反映,他从来不把学校里下发的通知及学习成绩告诉家长,而且嫌家长啰唆、年龄大,跟不上时代的潮流。因此,我开始特别关注这位表现与众不同的学生。原来,在他小学时,他的父亲把所有注意力都放在了他病重的母亲身上,无暇管他,致使他结识了一些不爱读书的高年级学生,养成了讲吃讲穿、好吃懒做的毛病,经常在外面玩游戏,学习成绩一落千丈。由于受家庭和社会环境等方面的影响,进入中学以来他一直对学习没有兴趣,虽头脑灵活但学习成绩较差。经过一段时间的观察,我发现他好奇心、虚荣心强,喜欢运动、唱歌、舞蹈等。他喜欢表现自己,英语口语、朗读在班级里较出色,但英语单词的默写却经常不及格。他每次迟到,我总是耐心地询问他迟到的原因,利用他好表现等特点,让他协助老师管理体育、劳动等方面的事务,增强他的自信心,提升他在班上的影响力。在英语课上,经常叫他来朗读课文、和老师一起做对话练习,把他的优点充分展示出来。我经常跟他谈时间的紧迫性,工夫不负有心人,在学期期中考后,他的学习成绩有了上升,排名进入了年级的中等行列。从此他的学习积极性提升了起来,各科老师反映他进步很快。在校运动会入场式上,他组织几位同学一起表演的篮球技巧获得了全校师生的赞誉。通过有针对性的培养,他的自尊心和自信心得到了明显提高,现在也已有了和家长主动沟通的意识。从这件事上不难看出,学生发展,德育是关键。

二、构建和谐的班级文化是班主任工作的关键

班主任在创建和谐班级文化中的角色是组织者和实施者,如果班级文化的创建离开了班主任的支持和引导,失败是必然的结果。班主任工作是事无巨细的,特别是城乡接合部的初中学生,他们处于青春期,普遍具有思想活跃、追求时尚、敏感易盲从等特点,而且大部分学生基础较差,家庭对学生教育的关注度不是很高。班主任对于这样的学生除了要抓学习、管思想,主要还得引导学生学会做人做事,学会规划人生奋斗目标,培养良好的学习生活习惯等。

(一)班级文化氛围的营造

第一,班级文化中,教室文化主要表现在温馨和谐、文明健康、符合本班特色的教室布置上。教室外的墙壁上张贴班级评比栏,班内张贴班规;黑板上方张贴国旗、校训;教室两边墙壁上是名人名言、《中学生守则》《中学生日常行为规范》;教室后墙是黑板报,黑板报两边是班级活动的精彩瞬间和获得的荣誉表彰,此外还有班级内的比、学、赶、帮、超的评比表格。

第二,办好黑板报。黑板报是学生施展才华、倾诉心声、发挥潜力、激发学生共同参与班级文化建设的平台,是班级文化建设可看、可评的重要阵地。教师要放手让学生自己设计版面、绘图、编辑文章,调动全班同学的想象力和创造力,办出班级特色。

班主任所要做的就是鼓励和表扬,适时提出建议,培养学生的成就感和自信心。我当班主任时,每期黑板报都会留出一块叫作"起航"的版面来刊登学生的习作,为学生提供一个展示平台,让他们成为这段时间的班级明星,让其他同学关注习作作者,让习作作者自觉提升自己的思想品质。

第三,善于发现和利用班级的优势。每一个班级都有其特点和优势。班主任要善于在活动中利用这些优势,取得好成绩。活动可以把学生的心集中在一起,可以让班级更有凝聚力。几年前我当班主任时带的一个班级,这个班的学生普遍比其他班的学生胖,也更有力气,但是班级里有若干个小团体,相互之间矛盾不断,极不和谐。在学校组织的拔河比赛中,这个班力压群雄,一举夺得全校拔河冠军。就是这次活动把大家的心聚在了一起,把大家的情凝在了一起。班级中的小团队渐渐消失了,整个班级成了一个非常有凝聚力的集体,直至现在每次班级聚会,大家都会提及那次改变他们思想观念的拔河比赛。

(二)班风学风形成的促进

没有规矩不成方圆,抓班级制度文化的建设,要引导学生根据班级的实际制定一系列的班级规章制度、文明公约、班规学风等内容,促使班风和学风的形成。此外,班主任还要精心组织实施,坚持"依法治班",为学生提供一个制度化的法制环境,注意培养学生的集体观念、法治观念、团队意识,利用班会课组织学生对班级生活中出现的一些现象进行讨论评价,培养学生明辨是非的能力。

(三)班级学生的和谐相处

班级文化建设活动,是班主任有目的、有计划地指导和开展的形式多样、内容健康的文化活动。例如开展主题班会、辩论演讲、读书朗诵、小科技发明等智力活动,开展轻松的趣味游戏、棋牌比赛、接力赛、拔河比赛等活动,增强班级同学之间的凝聚力和班级观念,让不同知识水平、不同能力、不同兴趣的学生都有机会参与班级活动,给每个学生提供表现自我的机会。

班级文化就像春天的阳光,它使每位同学感到温馨、温暖、快乐,使班级井然有序、充满生机,使学校充满文化氛围、文化底蕴、育人特色。

【案例二】构建新型的师生关系之浅见

新型师生关系中,教师和学生在人格上是平等的,在活动中是民主的,在相处上是和谐的。新型师生关系的核心是师生心理相容,心灵互相接纳,形成真挚的情感关系。新型师生关系的宗旨是本着学生的自主精神,让其人格得到充分发展。一方面,学生在与教师相互尊重、合作、信任中全面发展自己,获得成就感与生命价值的体验,获得人际关系的积极实践,逐步形成自由个性和健康人格;另一方面,教师通过教育教学活动,让每个学生都能感受到尊严和心灵成长的愉悦。

构建新型师生关系,教师要做的三个转变:

一、转变身份,变保姆为教育者

我们都能说出走路的技巧和方法,都知道骑车的要领和注意事项,但是不参与、不实践,理论再精通也不会走路、骑车。所以,人们都是在跌倒中学会走路,在跌倒中学会骑车。

传统的师生关系,是学生遇到问题,教师反复说教,告知学生应该做什么、不应该干什么,目的是让学生少走弯路。可是现在的孩子接收的信息量大,成熟早,初中时期正处在叛逆期和自我意识觉醒期,听不进去老师和家长的话,要按照自己的方式和方法来面对问题、解决问题,在这个过程中容易与家长、老师产生矛盾,引发冲突。在这个过程中,老师和家长充当的是一个保姆的角色。

当学生遇到问题时,重要的是解决问题的结果,而不是解决问题的方式。教师提供给学生的方式一般都是经得起考验的最佳方案,但在可控范围内,教师不必强求学生必须采用自己提供的办法,学生可以用自己的解决方式解决问题,其时间可能会很长,暂时达不到教师与家长期待的结果,教师与家长不用太过于心急。当学生所有的方法都不成功时,他自然而然就会寻求教师的帮助或接受教师提供的办法,这时候教师提供的方案学生会欣然接受。青春期的孩子出现问题是正常的,教师要带着包容之心面对学生的问题,让学生在解决问题中成长,就像在跌倒中学会走路一样。

不经历风雨,不面对问题,学生就没有解决问题的机会,自然就不会成长。新型的师生关系中,教师要引导学生去体验生活,为其提供面对问题的机会,而不是规避问题。这些问题是在教师引导下出现的,教师有准备,有方案去解决。例如,在班级管理中,如果没有自习课,学生就不会得到自主学习的机会,班委就不会有管理班级自主学习的机会,学生的自主学习能力、班委的组织能力无法得到锻炼,教师可以放开手,让学生体验,让学生成长。教师与学生不是矛盾对立的双方,而是教育路上的同行者。这就是新型的师生关系。

二、转变观念,变"想方设法"为"创造条件"

树皮有裂纹。树木在生长的时候裂纹会变大,这个过程是非常痛苦的,大树越成长,裂纹越大,越疼痛。人的成长也是这样的。裂纹就是成长的印记。

七年级班主任很辛苦,特别是在七年级上学期,班主任要不断地给学生立规矩,规范学生的行为习惯,将学生可能出现的问题解决在萌芽状态。给学生提出高要求,严格执行班规校纪,就是让学生能够更快地成长。初中是学生出问题的高发期与反复期,学生很难立刻就改正得很好,改正问题将是一个长期的、反复的过程。构建新型的师生关系,教师需要转变观念,正视学生的这些问题,从心理上接受教育规律,允许学生慢慢改正,不断为学生提供犯错的机会和改正的机会,让学生体验错误给自己带来的伤害,从内心去接受自己的错误,发挥自己的主观能动性进行改正。

班级的管理需要规章制度,需要平等关爱,有时也需要"无为而治","无为"是为了"有为","无为而治"不是不治,而是为了更好地治。教师在"无为"时更容易发现问题,让学生主动体验成长,之后再有针对性地解决问题,提供学生所需要的帮助。防学生出问题一定是防不住的,与其千防万堵,不如适时创造机会,让学生体验成长。

三、转变心态,变"急功近利"为"静待花开"

十年树木,百年树人。人的成长是一个漫长的过程,人是在改正问题的过程中成长的,改正错误的过程自然也是比较慢的,构建新型的师生关系,不应强制压缩学生改正错误的时间,而应引导学生有计划、有规律地感受错误,降低错误给学生带来的影响。鼓励学生勇敢面对问题,锻炼其强大的内心,能让孩子更多地掌握解决问题的方法,在以后遇到类似的问题时,不会束手无策。增加学生改正错误的机会,就能达到师生心理相容,互相接纳。

教育是一个漫长的过程,教师应用期待的眼光去看待学生,关注学生成长变化的过程,而不是结果。

【案例三】立足本我,敢于担当,展望未来

——班级治理理念及策略概述

一、治班理念

每一个学生都是独立的个体,每一个孩子都有自己的优点和潜能,班主任要立足于学生的特点,引领学生做一个敢于担当,具有发展意识的新时代人才,为学生的终身发展奠定基础。根据本班的实际情况,我的治班理念为:立足本我,敢于担当,展望未来。

二、治班策略

(一)建章立制,明规守则

1.完善班级公约,明确班级行为准则

我接手的班级原有一套比较完善的班级公约,其对学生学习、习惯、礼仪、安全、活动等方面提出了较为明确的要求,学生有规可循。我没有对班级公约进行太大改变,只是细化了部分内容。

2.完善评价体系,及时评价与反馈

在管理班级过程中,我每天通过"班级优化大师"详细记录学生的在校表现,坚持日评、周评、月评、期评,每周在家长群内发布个人光荣榜和小组光荣榜。此外,每个月我都会结合考试

成绩总结学生总体表现,表彰成绩和行为表现突出的个人,学期末的各项评优以此为依据。

(二)精准落实,家校共建

1. 发挥小组力量,落实班级常规

班级以小组为单位,在学习、纪律、卫生、活动四方面展开竞赛。组内成员作为"利益共同体",进行"捆绑式评价"。班级评优只呈现小组考评分数,大家需要互帮互助、共同学习,才能达到共同的目标。在平时的教学和管理中,也以小组为单位对同学们进行评价,这有效地促进了学生自主管理能力的提高。

2. 搭建家校沟通平台,及时交流情况

班级成立家委会,建立家长微信群,出现问题时教师及时与家长进行沟通。班级通过 QQ 空间及时上传孩子平时的学习及活动照片,让家长真实地了解孩子在学校的情况。

(三)学会但当,提升素养

1. 明确责任,班级共管

除了常规班委等之外,我们还安排了小干部管理班级各个方面,每名同学都有自己的岗位,在班级中都有存在感。班级人人有事做,事事有人做,整个班级形成良好的秩序。

2. 树立榜样,赏识教育

教师善于发现每个学生的闪光点并予以肯定,对学生的进步进行分层次表扬。在班级文化建设方面,教师有意树立榜样,号召大家向榜样学习。

3. 开展比赛,激发兴趣

班级定期组织开展各类活动。如五子棋、象棋、跳棋比赛,魔方速拧等,通过活动鼓励学生展示自我、分享快乐。

三、治班效果

经过一段时间，师生之间从陌生到彼此接纳，班级秩序逐渐稳定，班级活动有序开展，班级凝聚力越来越强。虽然班级发展是一个漫长而曲折的过程，但我相信，好的开始，便是成功的一半。

【案例四】"面对竞争认识小我，团队协作成就大我"主题班会

一、主题班会目标

通过本次主题班会，使同学们正确认识竞争与合作的重要性以及二者之间的关系；增强学生对竞争与合作的理解，营造良好的竞争合作氛围；使学生在合作中敢于竞争、善于竞争、享受竞争，在竞争中愿意合作、善于合作、享受合作；使学生们能够发现并学习别人身上的优点，学会关心同学、团结同学，提高班集体的凝聚力。

二、设计思路

主题班会共由四部分构成："梦幻星工坊"公布招聘启事；各部门面试；各部门组织团队合作活动，确定最终人员；活动总结。

三、主题班会前准备物品及事项

自制幻灯片，六个部门招聘简章、聘任证书，六个部门招聘简章公示板，一根木棍，一张 A4 纸，一个乒乓球，两个乒乓球拍。

在主题班会开展前,学生需要自行制作一份个人简历。邀请六名老师作为六个部门经理组织面试。此外,需将班级划分为六个相对独立但又相邻的区域。

四、活动流程

(一)"梦幻星工坊"公布招聘启事

　　"梦幻星工坊"公布本次招聘的总体章程,明确招聘部门以及各个部门招聘的具体要求、面试区域。

　　学生参照招聘的具体要求,对整个招聘有简单了解,对照自身实际情况进行权衡,初步认识自身的优缺点,将想要申报的部门进行排序。

(二)各部门面试

　　学生按照各部门具体要求进行面试,回答部门经理提出的问题,部门经理依据个人简历以及学生在面试中的表现初步淘汰一部分同学。被淘汰的同学继续前往下一部门,继续参加面试。

　　在这个环节中,学生会直面人与人之间的残酷竞争,体验成功与失败,认识自身的优缺点。部门经理要对每位学生进行点评,特别是对要被淘汰的同学,要说明淘汰他的理由。

各部门面试场景

213

(三)各部门组织团队合作活动,确定最终人员

部门经理组织学生参加培养团队合作精神的活动,借此来进一步考查学生是否是这个部门所需要的人才。活动结束后,部门经理留下自己部门所需要的人员,颁发聘书。

参与此环节的同学进行了二次竞争,竞争残酷性进一步升级。学生在此环节中能够真实地体验到一件事情依靠自己单打独斗是完成不了的,必须要靠团队的力量,自己要在团队中发挥作用,才不会被淘汰。学生们通过自己在团队中的努力来完成活动,成就团队"大我"。

各部门开展团队合作活动

(四)活动总结

教师引导学生总结活动:"也许你选中了自己心仪的部门,面试老师一眼就相中了你,让你如愿进入到向往的部门;也许你在心仪的部门前驻足流连,但不得不另谋高就,去其他部门,满是遗憾;也许你不得不进入自己最不喜欢的部门,面对进入心仪部门的同伴,心里满是羡慕。现在请你冷静下来,回顾整个过程,分析一下自己成功或失败的原因,想一想如何让自己在以后的竞争中处于不败之地。请大家把自己的心得写在体验卡上,作为自己日后成长的目标。"

（五）班主任总结

合作与竞争是一个永恒的话题。实际上，竞争与合作并不矛盾。首先，竞争能激发人的进取心和创新精神，并能考验和锻炼人的意志，使人精神焕发，情绪饱满。其次，公平竞争能使集体充满生机与活力，集体间的竞争能加强集体内部的团结和凝聚力，增强集体成员的责任感与荣誉感。第三，竞争还能起到鉴别人才、保护人才的作用。

对于当代初中生来说，飞速发展的社会让竞争变得越来越激烈。我们必须树立远大的理想和目标，思考"我的人生使命是什么、我应该怎么分步骤地完成使命"。在竞争过程中，给自己树立一个恰当的、具体的、通过努力就可以实现的目标，并立即行动，通过实践检验。

本次主题班会让学生更好地理解了合作与竞争的含义，大家全力以赴参与活动，现场气氛非常热烈。通过主题班会，学生们明白了竞争并不可怕，关键在于我们怎样理解学习、生活与工作中的竞争，怎样学会合理竞争，互相合作，共同获益。

【案例五】"我们是一个团队"主题班会

一、主题班会目标

通过本次主题班会，使同学们认识到团队是一个整体，团队成员不可或缺，大家应包容团队成员的缺点，发挥自身优点，增强团队成员之间的信任和班级的凝聚力。

二、主题班会设计思路

本次主题班会共由四部分组成，分别为：活动"妙口生花"

"夺宝奇兵""穿越火线"和班会活动总结。

三、主题班会前所需准备的内容

自制幻灯片、一个水瓶、一根跳绳、一个眼罩、一个扣耳式耳麦、障碍物若干。

四、主题班会流程

(一)活动"妙口生花"

请同学们按不同的重音来读"我们是一个团队"这句话,体会不同重音表达的含义。教师可提示学生按照"我们、是、一个、团队"来读。

(二)活动"夺宝奇兵"

教师请学生在不借助任何工具且不接触横线后的地面的前提下,拿到水瓶。教师可提醒学生们注意,团队并不是人越多越好,而是在需要的位置上都有人。通过这个活动,学生可以直观地感受到个人完成不了的任务,通过团队协作可以完成,这就是团队存在的意义。

"夺宝奇兵"活动现场

(三)活动"穿越火线"

教师请学生扮演四个角色,分别为盲、聋、哑、跛,四个人要在不接触任何障碍物的前提下,共同穿过障碍,到达指定位置。教师可提示学生:"当你无法挑选队友时,要想取得成功,就得无条件信任队友。"

"穿越火线"活动现场

(四)班会活动总结

团队产生是因为任务不能独立完成,需要共同协作。团队成员是各具特点的,不能完全一样。团队分工是依据成员优点划分的。团队精神核心是无条件的信任。人在一起是聚会,心在一起才是团队。

(五)班主任总结

团队因需要而存在。如果不能统一大家的思想,那就统一大家的目标。每一个团队都不可能十全十美,大家要包容团队成员的缺点,充分发挥每个人的优势,齐心协力实现共同的目标。团队要取得成功,不仅需要踏实的干劲,还需要一点点灵感。

第四节　柴艳老师班级文化建设的
思考与实践

【案例一】浅谈如何依托班级文化建设
培养农村中学生社会主义核心价值观

胡锦涛同志曾经指出:"一个有远见的民族,总是把关注的目光投向青年;一个有远见的政党,总是把青年看作推动历史发展和社会前进的重要力量。"作为我国未来建设的生力军,中学生能否理解并践行社会主义核心价值观非常重要。作为中学班主任,尤其是农村初中校的班主任,我们要正确引导学生,要让学生们深刻认识到什么是自我价值、什么是社会主义核心价值观、如何树立社会主义核心价值观、如何将自我价值的实现与国家发展联系在一起,等等。这些都关系到中华民族伟大复兴中国梦的实现。

一、理论引领

党的十八大报告提出,要大力加强社会主义核心价值体系建设,"倡导富强、民主、文明、和谐,倡导自由、平等、公正、法治,倡导爱国、敬业、诚信、友善,积极培育和践行社会主义核心价值观"。这12个词的社会主义核心价值观简明扼要地指出了我们要拥有的社会道德价值观,并成为我们引导学生发展的指南针。

作为一所农村校,地理位置偏僻,相比较而言,人们文化水平不高,农村中学生价值观概念模糊,道德行为习惯养成不足,"知"与"行"脱节。这种现状的形成有其特殊性、必然性,解决这一问题必然存在复杂性、艰巨性。

首先,教师要引领学生弄清社会主义核心价值观的基本内涵和彼此之间的关系。"富强、民主、文明、和谐"是我国全面建设社会主义现代化国家的目标,也是从价值目标层面对社会主义核心价值观基本理念的凝练,在社会主义核心价值观中居最高层次,对其他层次的价值理念具有统领作用。"自由、平等、公正、法治"是对美好社会的生动表述,也是从社会层面对社会主义核心价值观基本理念的凝练。它反映了中国特色社会主义的基本属性,是中国共产党矢志不渝、长期实践的核心价值理念。"爱国、敬业、诚信、友善"是公民基本道德规范,是从个人行为层面对社会主义核心价值观基本理念的凝练。

其次,教师应选取适合的切入点,帮助学生理清社会主义核心价值观与中学生的关系。初中生的理解能力有限,如何将这些抽象的、理论性的、与学生现实生活有一定距离的概念转化成学生能够理解的、乐于接受的、实际需要的东西? 这不是传授学科知识,而是需要学生接受思想。教师要做的是将社会主义核心价值观与学生的终身发展有机结合起来,把其与学生成长融为一体,让学生把核心价值理念转化为自己的行为标准。

二、活动贯穿

教育不应是空洞的说教,而应是由活动引领开展的有形教育。丰富多彩的教育活动是依托班级文化培养和践行社会主义核心价值观的有效载体和途径。教师要广泛开展各种活动,把宏观的价值理念转化为具体的活动,让学生在有意义的活动中感受、理解和体验社会主义核心价值观的真正含义。

第一，教师可以依托社会主义核心价值观进行班级文化创建。社会主义核心价值观的内涵是班级文化建设的思想引领，良好班级文化建设是践行社会主义核心价值观的有效土壤，二者相辅相成。所以在制定班级文化精神之初，我既考虑了学生的实际情况，又依据社会主义核心价值观中"爱国、敬业、诚信、友善"这四个词的精神，制定了积极向上的"葵文化"。同时我还让同学们自己制定"班级公约"，因为班级是我们共同的家，管理需要依靠大家。在管理班级的活动中，学生充分感受到什么是平等、公正和法治。

第二，教师可以在常规活动中引入社会主义核心价值观的理念。例如，利用升旗仪式、主题晨讲和黑板报进行宣传，向学生讲解社会主义核心价值观的 12 个词的含义，并安排同学通过小组竞赛活动牢记 12 个词。

第三，教师可以让学生宣讲社会主义核心价值观和班级文化之间的联系。在学生了解社会主义核心价值观内容的基础上，开展班级文化宣讲活动，学生之间交流分享对班级"葵文化"的理解，探寻"葵文化"与社会主义核心价值观的契合点，最后根据向日葵的花语——光明、勇敢、活力、积极，总结出班级文化精神——做人阳光、彰显自信；做事积极、超越自我。葵花向阳即有信仰，意指同学们心有国家、心有班级；葵花不改向阳心即有顽强拼搏的精神，意指同学们学习刻苦，有敬业精神；葵花的温暖即指我们要做个诚信、友善的暖心人。同学们在交流活动中能更深层次地理解社会主义核心价值观的内涵。

第四，教师可开展系列主题班会，带领同学们体验如何做一朵暖心的葵花。在题为"做个向日葵般温暖的人"主题班会中，通过几个体验活动,让学生感悟"与人为善"这种积极的情感,认识到"友善"在生活中的重要性,让大家懂得理解、帮助和关爱他人是一种幸福。通过活动,改变学生以自我为中心的现状,使其能够正确对待同学间的矛盾,将"友善"落实在自己的言行中,用实际行动来体现社会主义核心价值观。体验式主题班会的开展,使学生们在微小的活动中获得了深刻的体验和感触,系列主题班会也让学生从不同的角度理解了友善的含义。

第五,丰富的班级活动是内化社会主义核心价值观的有效途径。由于学校地处农村,学生们能够展示自己的舞台并不多,于是我把三尺讲台变为学生们的阳光舞台,鼓励每一位同学参加班级活动,并先后开展了秀班级文化、做好书推介、说精彩假期、展创意书签等活动。一系列的活动,让大家讲给同学们听,台上的孩子们从羞涩不语到落落大方,语言表达能力得到了提升,信心得到了极大提升。特色活动的开展,净化了孩子们的心灵,稳定了班级秩序,和谐的班级氛围自然得以形成。在一个和谐氛围中成长的孩子,自然懂得友善待人。

三、实践

实践是对社会主义核心价值观培养的巩固和提升,是学生理解含义后将其内化于心、外显于行的重要过程。我们既要帮助学生懂得社会主义核心价值观,更要指导学生践行社会主义核心价值观。

第一,我们可以利用传统节日开展爱国主义教育活动。比如清明节组织学生祭扫革命烈士墓,为逝去的亲人扫墓;中秋节组织学生开展敬老爱老活动,为孤寡老人送去温暖和祝福,等等。通过活动,学生们能感受到体验关爱他人,自己也会得到温暖。

第二，我们可以开展社区实践活动。班级的社会实践基地是学生展示自身价值和良好形象的一个窗口。我们可以指导学生利用周末或寒暑假开展实践，以小组为单位走进社区，开展捡垃圾、打扫街道、"我为学校做贡献"等社会实践活动。学生们在实践劳动中能够体会到什么是爱国，什么是文明。学生们在体验劳动的快乐中，尽己所能地帮助他人、服务社会。在这个过程中，孩子们看到自己带给他人和社会的改变，感受到因为自己的付出带给他人的快乐和温暖，激发了内心的自信和成就感。

第三，主动承担家务劳动。我引导孩子们主动承担家务，积极劳动，在劳动中体会付出的乐趣，体会父母的辛劳，懂得勤劳是一种美德。

我们要重视对农村中学生进行社会主义核心价值观的培育，积极引领他们践行社会主义核心价值观。这不是口号式的教育，而应在活动中潜移默化地教育学生，使其能够感悟内涵，内化于心，外显于行。只有青少年健康成长，深刻领悟并践行社会主义核心价值观，我们的社会才会稳定，国家才能长治久安。

【案例二】用棉花糖般的心融化学生心中的寒冰

2014年的夏天，她和其他孩子一样，满带着笑容，背着书包走进中学的大门。她大大的眼睛在眼镜后面忽闪忽闪，样子非常可爱。第一眼看见她，她是那么文静。她很少说话，总是低着头安静地坐在那里，不引人注意。有一天，大家都在畅聊未来自己的样子，她用不大的声音说："我的理想就是做一个婚纱设计师。"

日子一天天过去，小女孩开始慢慢长大了。每当我走过她课桌旁的时候,总能发现她桌子上有很多稀奇古怪的小玩意儿,有一次,我居然在她的手臂上看到"×××,我爱你"一行字。她对偶像的痴迷已经到了疯狂的程度。

有一天,照例要交饭费,组长跑来告诉我,她又没带。我的愤怒涌了上来,已经收了四次饭费了,她没有一次按时带来过。我压住了心里的怒火,拿起了电话:"让你家长把饭费送来吧,谁让你又忘了呢。"

有一次,语文课代表收作业,交给我一张没交作业的名单。我赫然又看到了她的名字。语文就是抄写作业,怎么这都完不成呢?我让课代表转告她,把作业补齐后交上来。

大家安静吃中午饭时候,我一转头,发现她迅速地收了筷子并盖上了饭盒盖,但好像里面还有些东西。我说:"打开饭盒让老师看看。"她很不情愿地打开,里面居然还有很多饭菜。怎么每天都剩饭呢?

大家认真做卫生时,我进班一看,地上有些垃圾。于是我问:"扫完地了吗?"她冲我点点头。我有些无奈:"丫头,你看看这地! 开学这么长时间了,怎么连地还扫不干净呢?"

很多关于她的声音在我耳边回响。我开始特别关注她。她最大的痛苦,莫过于父母的离异。曾经原本喜欢对我微笑的女孩,整天面无表情。她总是游离于课堂之外,眼里没有一点光彩,似乎对什么都不感兴趣。我时常和她爸爸沟通,但每次听到的都是"我很忙,没时间,我没在家,我懒得管她……"这让我觉得很无力。每天到学校,我想的第一件事就是她的作业写完了没有。

每次遇到这些状况时,我又着急,又无奈。终于那一次她又没完成语文作业时,我按捺不住心中的怒火了。看着她不言不语流眼泪的样子,我很心疼。我想不管多难,我要帮她改变。她就像一只小蜗牛,总是活在自己的世界里。她告诉我,自己对学习一点想法都没有,连自己要不要毕业都不知道,很自卑。既然她没有想法,那我就要让她有想法。我没有特别的要求,只是让她每天课间都跟在我身旁,做该完成的事情。

每次在班里和同学们聊天时,我会多看她几眼,四目相对才能让我心里踏实一些;每天中午我进班都会检查她的饭盒;每次做卫生我都会告诉她要怎么扫地;每天放学前,我都要看一眼她的记作业本,甚至单独问她作业是否都记清楚了。过了几天,她的作业终于能写齐了。

这一天,正赶上她值日。我突然发现她扫地的样子很认真,她弯着腰,双手拿着扫帚,慢慢地打扫着。我觉得一个会扫地、肯认真干活的孩子,学习上一定也会有进步的。我找了个机会,特别表扬了她,突然我发现她眼睛里有一道光,她终于笑了。当时我心里感觉舒服了很多。后来上课我特意提问她,她答对了我问的问题,而且声音变大了。借此我在班里非常认真地表扬了她,还送了她一块好吃的棉花糖。

通过这件事,我觉得赏识的力量是无穷的。当一味地批评不再有力时,我们不妨把批评变成表扬。适当的肯定会增加孩子们的信心,孩子们也会因为被认可而更坚定。面对内心脆弱、自卑迷茫的孩子,作为一名人民教师,我能做的就是用赏识的心做一颗暖暖的棉花糖,去温暖那无助的心。每个孩子都像一张白纸,虽然纸质不同,有薄有厚,但是我们只要选对了画笔,一样可以画出一幅精彩的画。

记得著名教育家周弘老师曾经说过,没有种不好的庄稼,只有不会种庄稼的农民;没有教不好的孩子,只有不会教的父母。

农民怎样对待庄稼,决定了庄稼的命运,家长怎样对待孩子,决定了孩子的一生。农民希望庄稼快快成长的心情和家长希望孩子早日成才的心情完全一样,但庄稼长势不好时,农民从未埋怨庄稼,总是从自己身上找原因;而孩子表现不好时,家长却总是抱怨和指责,很少反思自己的过错。赏识教育是生命的教育,是爱的教育,是充满人情味、富有生命力的教育。人们渴望得到赏识、尊重、理解和爱。就精神生命而言,每个孩子都是为得到赏识而来到人世间。

【案例三】"你心知我心——架起沟通的桥梁" 主题班会

一、主题班会设计背景

党的十八大提出了社会主义核心价值观,"爱国、敬业、诚信、友善"是公民个人层面的价值标准。其中友善是指我们要拥有真、善、美的价值观,人与人之间要友好相处,我们要善待身边的人和事。人与人交往的基本保证是信任,交往的方式是交流沟通。学会与人交流是永恒的话题。在当代这样一个飞速发展的社会,我们要懂得与人合作,与人为善。在合作的过程中,避免不了交流沟通。罗曼·罗兰曾说过:"与人为善不仅是种理念,更是一种行为。"学会与人沟通是非常重要的。只有我们互相友善地交往、交流,用真诚的心去沟通,遇到的问题才能得到更好地解决。初中生正处在成长的过程中,随着年龄的增长,自我意识的不断增强,他们渴望独立、自主,但还不具备独立处理问题的经验和能力;与此同时,有的父母缺乏正确、科学的教育方法,教育方式简单粗暴,使得父母与孩子之间的矛盾渐渐加深,学生与父母之间的沟通越来越少。为了让学生们减少以自我为中心的意识,学会与人沟通,尤其是学会与父母沟通,懂得理解、感恩父母,教师设计了本次题为"你心知我心——架起沟通的桥梁"的主题班会。

二、主题班会设计目标

(一)认知目标
学生能够理解沟通的含义,感知不同的沟通方式。

(二)能力目标
学生能掌握与人沟通的技巧,懂得遇到问题时学会换位思考。

(三)情感目标
学生能理解父母,感恩父母。

三、主题班会前的准备

第一,向家长搜集与孩子相处过程中遇到的一些棘手的问题。

第二,搜集孩子与父母的亲子照、家长为孩子录的视频、一个家长工作一天的视频。

第三,下载歌曲《你心知我心》等。

第四,请几位同学提前排练情景剧。

第五,邀请部分家长参加此次班会课。

四、主题班会流程

(一)温情暖场
在主题班会开始前,班主任先播放一段学生与家长的亲子视频,全班同学一起观看。

有效沟通的前提是互相理解,播放这段亲子视频,让孩子和家长一起回忆曾经的温暖,能引起家长和孩子情感上的共鸣。

(二)活动"晓之以理"

首先,班主任请几位家长和孩子到教室中央参加心灵交流体验活动,发给每位家长和学生一张 A4 纸,由一名同学发布指令,参与活动的人不能提问任何问题,按照该同学的指令,家长和学生同时开始撕纸。指令结束后,家长和学生各自展示自己撕完以后的纸。班主任提出问题:"面对同样的指令,为什么大家撕出来的纸会不一样呢?"学生或家长可能会将原因归咎为听完指令后不允许提问,对此,班主任可略进行引导:"在整个撕纸的过程中,大家是没有交流的,这就使得大家撕的纸什么样子都有。"

接下来,继续刚才的撕纸活动,这次大家可以提问,互相交流意见。活动结束后,大家会发现撕完的纸都是一个样子的。班主任提问:"为什么这次大家都撕得一样呢?"在引导下,学生可能会将原因总结为"有交流,有沟通"。班主任可以对答案进行初步升华:"就是这样简单的言语沟通,让我们形成了默契,最终结果才一样。可见,人与人的沟通多么重要。"

班主任引出后续活动:"昨天我收到一封信,一位妈妈最近很苦恼,她发现她的儿子最近不理她了。"

(三)活动"动之以情"

活动内容:班主任请几位同学分别扮演孩子、父母,再现信里的情景。(大致内容是:家长只强调学习,非常看重分数,孩子不理解,对父母横眉冷对;遇到青春期的一些困惑,父母不理解,孩子难以启齿。)

班主任提问：“大家是否也遇到过这样的问题呢？我们应该如何解决呢？”

同学们再次模拟刚才情景剧中的场景，这次由“家长”扮演“孩子”，“孩子”扮演“家长”。

情景一：“孩子”扮演的“家长”每天回家只问孩子的学习，其他什么也不关心。

情景二：“家长”扮演的“孩子”回家不写作业，不读书，只顾听音乐、玩电脑，不时说出一些蛮横不讲理的话。

班主任分别请“家长”和“孩子”谈谈遇到这种情况时的心理感受，总结刚才“家长”和“孩子”的话，指出交流的过程中需要大家互相尊重、理解，出现问题，要能够站在他人的角度去思考问题。

接下来，班主任播放一段反映家长一天工作的视频，并请同学们认真观看。通过视频，学生能真切感受到父母工作的艰辛，体会父母的不容易。

(四)活动“践之以行”

首先，班主任播放背景音乐，让学生走到家长身边，先和父母拥抱，然后与父母说说心里话。班主任用摄像机记录下这一充满温情的画面。

接下来，请几个同学说一说自己的心里话，关于父母、学习、生活和遇到的困难，等等。请家长谈一谈今后如何与孩子交流。

活动结束后，全体同学和家长们拍一张合影。

(五)总结升华

班主任寄语：“沟通是桥梁，学会理解、换位思考，我们才能与父母更好地进行交流。亲情是一杯浓茶，只有我们用心熬制，茶才会越来越香。祝愿我们所有的家长身体健康，我们的孩子真正能理解父母、善待父母，多与父母交心。"

（六）班会拓展

一段时间后，找到之前遇到问题的几位家长，询问这一阶段孩子在家的表现，尤其是与父母交流的情况是否有所改变。

在班级日志本上记录下每个同学每天对父母说的最温馨的一句话。

在微信朋友圈中展示孩子想对父母说的话，同时给孩子读出家长给他们发来的鼓励话语。

在班级博客中展示本次班会课的活动场景，在征得同意后，把孩子和父母的照片与感受"晒"出来。

附　录
天津市东堤头中学德育实践案例

【案例一】用心抗疫，悦过寒冬
——天津市东堤头中学心理课程实施方案

　　良好的心理素质是人们得以全面发展的重要因素。学校心理健康教育是提高学生心理素质的教育，是素质教育的重要组成内容。中学生正处于身心发展的重要时期，随着生理的发育成熟、心理的发展健全、社会阅历的丰富以及思维方式的变化，他们在学习、生活、人际交往、自我意识等方面容易遇到各种问题和困惑，影响德、智、体、美诸方面的发展。因此，开展心理健康教育不仅是时代和社会发展的需要，也是促进学生全面发展，深入实施素质教育的内在要求。

　　5月25日是全国心理健康日，"5·25"的谐音即为"我爱我"，提醒学生"珍惜生命，关爱自己"。新型冠状病毒肺炎疫情对学生的心理健康有一定的影响。对于心理素质不够强大的初中生而言，我们有必要进行及时、有针对性的心理疏导，使学生们能够关爱自我，了解自我，接纳自己，关注自己的心理健康和心灵成长，在居家隔离和"停课不停学"阶段能够用积极健康的心理度过这一特殊的阶段。

一、课程性质

"用心抗疫,悦过寒冬"心理课程是在新型冠状病毒肺炎疫情时期,以当代中学生的生活与学习为基础,根据学生们现在的身心需求与年龄特点,以培养身心健康、乐于探究、热爱生活的现代少年为目标的活动型、探究型综合课程。本课程具有如下特征:

(一)针对性

本课程根据中学生的身心需求,为学生们普及疫情知识以及疫情中正常的心理反应,为学生们提供具有针对性的建议,为其更好地适应线上课堂做好心理保障,引导学生宅家会学,宅家乐学。

(二)生活性

本课程遵循中学生生活的逻辑,以中学生的现实生活为课程内容,以密切联系中学生生活的主题性或游戏类活动为载体,以正确的人生观、价值观引导中学生在生活中发展,在发展中生活。

(三)活动性

本课程主要由学生直接参与的主题性活动、游戏和其他社会实践活动构成。课程目标主要通过教师指导下的各种教学活动来实现。活动是教和学共同的中介。教师的主要作用是指导学生的活动,而非单纯地讲解教科书;学生更多的是通过参与活动提升能力,而非仅仅依靠听讲来学习。

二、课程背景

(一)加强学校心理健康教育特色

为了深入贯彻教育部颁发的《中小学心理健康教育指导纲要》,进一步加强学校心理健康教育特色,在总结前期工作的基础上,开发形成了特殊时期的心理课程。

(二)满足学生和家长的心理需求

疫情期间,人们生活的有序性被打破,很多事情偏离正常轨道。生活的不确定、居家学习的单调、因父母干预过多引起的冲突、过量的疫情信息等都会使学生产生一些情绪及心理问题。及时对学生和家长进行心理疏导,使大家情绪平稳地度过居家隔离期,是进行心理疏导的重要意义。

(三)解决学生素质发展的突出问题

良好自我意识是良好心理素质的重要组成部分,也是心理健康的重要标志。根据人自我意识的发展规律可知,青春期到成人期是自我意识的成熟期。由此可见,中学生正处于自我意识发展的关键时期。但调查表明,现在的中学生在自我意识的发展过程中存在许多问题。为了培养学生良好的自我意识,我们在课题研究的过程中应逐步积累资料,总结经验,以开设课程的形式全面推进研究进程,促进学生良好自我意识的形成。

(四)"五育并举"育人目标的延伸与深化

学校的育人目标是"身心健,品行佳",心理健康教育的开展正是学生发展的重要组成部分。近几年学校积极探索,把建设具有丰富文化内涵与鲜明个性的学校育人目标作为办学的追求,以加速学校内涵建设,实现学校的可持续发展。

三、课程结构

学校"心悦"课程以三级心育课程为体系,在一个中心的统摄下,下设三个单元,即教师单元、学生单元、家长单元,再细化为若干具体篇目。每个主题的活动设计都围绕"心与悦"两重意蕴展开,突出探究与追求心理健康的过程。

四、课程目标

(一)总目标

面对新型冠状病毒肺炎疫情,培养学生良好的自我意识与心理调适能力,提高学生乐于探究的意识和技能,形成积极健康的生活情趣和生活态度,使学生用更加自信、更加理性的心理战胜疫情。

(二)分目标

1.知心知我,不惧疫情

掌握个体自我、社会自我、理想自我、现实自我的基本知识,多角度地认识自我,客观地评价自我,不断地完善自我。

2.悦心悦我,度过疫情

情绪安定,心情愉快;自尊、自信、乐观;以积极的心态面对困难和挫折。

3.安心自律,完善自我

初步养成良好的规则意识,遵守规范、纪律,能够自我控制,抵制诱惑;能够自我管理,协调好各种关系。

4.悦纳自我,改变自我

学会发现自己的特长和优势,敢于在不同场合以一定方式展示自己,学习消除怯场和恐惧心理。

5.体验探究,提升自我

体验发现自我、探究自我、完善自我的过程,尝试用不同的方法,从不同角度进行探究自我的活动。

五、课程内容

教学相长(教师单元)

(一)云端课堂上的"心灵瑜伽"

1.心理教师专业辅导

在疫情期间,由心理教师为学校全体教师上好心理辅导课,在云端课堂中,以"心灵瑜伽"为教师驱除恐慌,使其保持情绪的稳定。

2.开设"暖心课程"

教师上网学习心理健康的相关理论,在"研讨沙龙"中发言,大家一起交流在学习中的收获,特别是针对线上教学存在的问题,大家共同进行研讨与交流。

(二)心理班会研课活动

学校通过腾讯会议开展心理健康班会研课活动,同组教师根据学生年龄特点和班级实际情况,精心设计辅导形式,大家互听互评,找出最佳设计方案。

(三)心理健康与多项工作整合

"教师应当是心理医生"是现代教育对教师的新要求。学校请老师回忆自己在进行班主任工作时或进行学科教学时是如何渗透心理健康教育的,大家以小论文或教学随笔的形式将自己的经验写下来,并选取优秀事例与全体教师交流。

(四)班主任的心里话

班主任结合本班班级文化,在疫情期间开展心理活动,更好地掌握学生的需求,在线上课程中更有针对性地帮助与引导学生,使学生们在特殊时期也能做到健康、快乐地成长。

快乐成长(学生单元)

(一)学习心理健康小知识

学校利用校园云端广播,依托"师生共读""亲子共读"等读书活动,带领学生收听或阅读有关阳光心态、感恩他人、和谐相处、感悟幸福、分享快乐的小故事、小案例。每个年级结合学生的年龄特点,分别开展不同的展示活动。

(二)"自助心灵小语"展

各班班主任征集并展出学生在面对困难特别是居家隔离阶段遇到问题写下的鼓励自己的"座右铭",让学生学会进行积极的心理暗示。

(三)"告白气球"对你说

发动学生寻找对自己有过帮助或影响的人(尤其是疫情期间和现阶段学习中),用"告白气球"的方式对这些人表示感谢,大家可以留言,可以用视频传送,让温暖的情感在屏幕之间传递。

(四)"心色彩"的神奇曼陀罗花

学生结合自己的理解,将心理课堂上老师所讲的具有神奇功能的曼陀罗花用丰富的色彩绘制出来,上传给心理老师。心理老师对其进行专业解读,并及时与学生进行沟通,对学生提供帮助。而那些被赋予积极、健康等意义的曼陀罗花则由班主任制作成电子相册,与全班同学共同分享。

(五)正能量心理手抄报

心理教师给学生普及心理知识,引导学生将疫情期间的心理自我防护知识绘制成正能量的心理手抄报,并在班级中展示优秀作品,实现正能量的传递。

(六)"晨曦广播"来加油

利用校园晨曦广播站,在全国心理健康日为学生广播心理知识,对于心理活动中表现出色的班级与个人进行表彰,让阳光洒进每个师生的心房。

(七)放手画禅绕

教师精心准备禅绕课,引导学生通过画禅绕释放情绪,为高质量的线上课堂助力。

亲子乐园(家长单元)

(一)分享云端亲子课堂

邀请家长参与学校心理健康讲座,宣传心理健康知识。家长与专家或教师面对面交流,解决学生可能存在的心理问题,分享切实可行的解决办法。邀请家长们与孩子们一起游戏,在"同游戏、同欢乐"中增进亲子间的情感。

(二)心手相牵,可以"盐说"的情绪

1.活动对象及目标

家长与学生通过正念活动和绘画活动释放情绪压力;通过分享和聆听创作时的感受和想法,获得积极的体验;学会在生活中看到情绪、照顾情绪的小技巧。

2.物品准备

彩色粉笔、白纸、盐。

3. 活动内容

活动共包括"难以名状的情绪""可以'盐说'的情绪""如何照顾情绪""亲子交流情绪"四项。

4. 作品线上展览

心理健康教育不仅是为了给学生创造一个自由、愉悦的心灵空间，更重要的是为学生的全面发展、可持续发展创设一个和谐、健康、充满活力的成长氛围。面对新型冠状病毒肺炎疫情的影响，学生承受着或大或小的心理考验。我们应该及时关注疫情对学生心理健康的影响，用心守护学生成长。

【案例二】"内化于心，外显于行"的行为规范训练

天津市东堤头中学是北辰区最偏远的农村初中校。学校用了二十年的时间，创造了教育的奇迹。从 2000 年至今，学校中考成绩连续十几年在北辰区名列前茅，受到当地的高度赞誉，并被评为天津市第一届文明校园。学校在发展过程中，一直注重学生的思想道德建设，把"立德树人"作为教书育人的准则，将培养德、智、体、美、劳全面发展的社会主义接班人作为育人目标。为了实现这一目标，学校将学生的行为规范训练放在非常重要的位置，并在多年实践的过程中，逐步形成了"内化于心，外显于行"的养成方式，依据学校"责任"文化的内涵，依托全员育人，通过"五星评价"方式，取得了良好的效果，为学校教育教学成绩和学生综合素质的发展提供了强有力的保障。

一、外塑形象，树"立责少年"之风采

在日常行为规范的训练过程中，学校通过"小切口""细标准""严落实"三部曲，从学生实际出发，稳步推进工作，以三年时间为线，持之以恒进行规范教育。

学生从到校报道的第一天，学校就提出对于学生发型、站姿、走路的要求，让学生了解进入学校后需要做好的准备。在学前教育中，学校从明规范开始，对学生的站姿、坐姿、走姿，用餐、上课纪律等进行严格要求，让学生做到心中有章法，行为有标准。每年三月和九月的规范训练月是对学生行为规范的提升期。通过开展特色班级评比，优秀班级和学生评比，以榜样引领学生发展。各个班级黑板右上角的"21 天养习惯"，让学生养成规范的目标明确。

二、内化于心,养"立责少年"之美德

(一)尊师重教,做好每一处细节

课前两分钟铃响后静候老师到来,学生高声起立问好,下课起立道"辛苦",尊师从课堂开始。学生在楼道里见老师后要鞠躬问好,进办公室门前要报告,这些小细节中包含着尊师重教的精髓。

(二)和谐共处,讲好文明用语

班主任注重对学生使用礼貌用语进行引导,七年级结合践行社会主义核心价值观班会中特别强调的"友善"的内涵,通过体验活动、情景表演、内涵解说等多种方式让学生理解同学之间和睦相处的重要性。

(三)有形无痕,延伸教育

每一年的教师节、感恩节等节日,各个班级的同学总是用很多小心思来表达自己的情意。在北辰区创建文明城区的过程中,学校在三年中共进行百次社区卫生清理,向村民发放各类文明传单,树立良好社会形象。

三、以责任之心,常态化进行行为规范养成教育

学校以全员育人为推动力量,常态化进行行为规范养成教育。

(一)学科德育,让养成教育成为课堂的一部分

教师紧紧围绕"课堂的一切活动都是为了育人",从自己做起,准时到岗,平等交流,落实学科德育教学目标。学生浸润在一个德育养成的良好氛围中,个人的行为能够得到有效提升。

(二)德育导师制,让养成教育成为有温度的教育

在整体推进过程中,会有个别学生出现"跟不上"的情况。面对这种情况,学校启动了"德育导师制",旨在为暂时落后的学生提供更多的进步机会,让他们能够看到自己的进步。

(三)首遇责任制,让无心之过得到及时纠正

学校以年级为单位,设立教师执勤岗,对学生课间的安全进行提示,同时也对学生的一些不良行为进行教育,首遇责任制即谁发现,谁教育,谁反馈。这一制度将养成教育转化为全体教师工作的一部分,最大限度地整合了学校的力量。

四、多元评价,让养成教育落地有声

为了不让养成教育成为一种脱离现实的空洞说教,学校通过多元评价激励学生积极表现,进步向上。

首先,班级利用小组合作加分机制,每月年级会公布"优秀小组",让不同水平的学生都能得到被表扬的机会。

其次,班级撰写个人考评积分记录,在学期末按照评选比例,班级评选出"尚德之星",让守纪明礼的学生得到展示。

此外,学校在每年六月评选优秀生,发动学生参与,开展班级公开演讲、年级选拔,优中选优,评选出校、区、市三级优秀学生。学校会在微信公众号展示优秀学生风采。

【案例三】立德树人初心不忘，学科德育培根铸魂

天津市东堤头中学从以下三个方面进行未成年人思想道德建设：

一、以党建引领思想发展

学校积极建设学习型、服务型、创新型党组织，规范"三会一课"制度，以"不忘初心、牢记使命"主题教育为切入点对党员进行教育，强化党员的模范意识。在新型冠状病毒肺炎疫情期间，全校党员积极行动，参与疫情防控工作，坚守服务岗位，力求线上授课有效创新，起到了党员示范作用。

学校依据办学特点制定出学校各项规章制度，如《天津市东堤头中学 C 级课认定办法》《天津市东堤头中学工作失误认定及管理办法》，并将学校的各项规章制度结集成册。

学校全体教师坚持教育方针，落实"五育"育人要求，将国家课程校本化、地方课程精细化、地方课程特色化，坚持依法执教。

二、创新活动形式，上好"五节课"

（一）上好理想信念教育课，为学生思想打上红色底色

学校组织"传承红色基因"系列主题教育实践活动，将共青团和少先队更加规范有序地纳入学校的思想教育体系。学校利用开学典礼，举办"纪念五四运动一百周年""少先队建队日"等大型活动，引导学生从小立志向、有梦想，爱学习、爱劳动、爱祖国。学校利用年级课程、班级课程强化"传承红色基因"的教育实践活动，带领学生走进展览馆、社区，开展清明祭扫、社会主义核心价值观宣讲等活动，帮助学生"扣好人生的第一粒扣子"。

(二)上好社会主义核心价值观这一课,让学生做到内外统一

学校利用主题教育、校会、班会对学生进行社会主义核心价值观的主题教育,通过校园广播、网络、宣传栏、黑板报等多种途径,加强对社会主义核心价值观的宣传。与此同时,学校深入开展《天津市文明行为促进条例》的学习与实践活动。一系列的活动形成"网络+课堂+社会实践"的全方位思想教育阵地,牢固地树立了学生的思想根基。在抗击新型冠状病毒肺炎疫情期间,学校特别注重思政课堂建设,借助云课堂,对学生践行社会主义核心价值观进行引导。

(三)上好中华传统文化经典课,增强学生的文化自信

为建设书香校园,学校引导学生多读优秀课外书籍,七、八年级每周开设一节阅读课,班级设立读书角,学校设立读书节,定期举办读书知识竞赛。学校开设经典诵读、书法、国画社团,利用传统文化经典增强学生的文化自信。

(四)上好生态文明教育课,帮助学生养成健康文明的生活方式

学校深入开展环保教育和节约教育,引导师生形成保护环境和节约资源意识,培育节约资源的良好风尚。学校组织师生积极参与全国节水知识大赛,热情投入"世界地球日"、《中华人民共和国野生动物保护法》等宣传活动,通过丰富的活动,提高学生的生态文明意识。此外,学校引导学生文明上网、绿色上网,积极参与"争做网络文明小使者""空中阳光夏令营"等活动。

(五)上好心理健康教育课,培养学生良好的心理品质

学校加强学生心理健康教育,培养学生阳光心态、健康人格。学校通过开设心理讲座、心理课堂、心理咨询,开展心理运动会、心理班会等活动,让学生拥有健康的心理。学校在2019年5月成功举办了天津市北辰区心育月总结表彰大会,并在大会上做"快乐,从心出发"的报告。同时,学校在"中国梦,行动有我"全国德育校本课程比赛中获得初中组二等奖,两名教师的教育案例获二等奖,两名教师的教育案例获得三等奖。

三、"三全育人",护航学生思想道德建设

学校加强教师职业理想和职业道德教育,抓榜样示范作用,每月评选"精神之星",每年评选"优秀教师",为教师们树立榜样;学校搜集整理教师们的敬业故事,定期宣讲,弘扬正气;定期组织师资培训,制定教师专业成长规划,不断更新教师教育观念和知识结构,分层次发展壮大教师队伍。学校建立起班主任培养方式、青年教师培养机制、骨干教师履责机制等一系列适合教师成长与发展的有效机制。

学校加强德育体系建设,形成全程育人、全方位育人、全时育人的"三全育人"格局。每年学校都要开展"双脚丈量乡村路,爱心情系千万家"的教师家访活动。通过德育导师、助理班主任、日督查等形式强化全员育人氛围建设,开发与德育相关的校本课程。

学校注重调动各方面积极性,形成育人合力。学校有家长委员会负责学校与社区之间的协调工作。每学期学校都要举办三四次"家长开放日",让家长走进课堂、走进食堂、走进班级,监督学校办学。家长学校每学期上课两次,学校为家长举行教育讲座,帮助家长矫正不正确的家庭教育行为。

未成年人的工作,是事关未来的事业。未成年人思想道德建设是一项涉及亿万家庭切身利益的民心工程,是一项事关国家长治久安的战略工程。学校将继续以"立德树人"为教育初心,做好这项关系国家发展的重大工程。

【案例四】建设"知行合一"学风,培养良好品格①

知行合一既是教育的理念,也是教育的原则。在这一理念、原则的指引下,笔者逐步形成了个人的带班育人方略:建设"知行合一"学风,培养良好品格。实施步骤如下:

一、知中华传统,行担当之责

1. 行自主管理担当之责

一个优秀的集体离不开一支优秀的班干部队伍,我们深入挖掘中华传统文化管理体系,设立吏(学习)、户(财政)、礼(文艺)、兵(体育)、刑(纪律)、工(生活)六部(班干部队伍)。工部巧匠将教室装点为书房,营造书香环境;刑部立法明,执法严,户部完善经济管理体系,以小分数记录大品行,两部共行自主管理之权。班级以六部为骨干力量,各社团彼此交融,学风建设呈现和谐、向上的景象:"知行讲坛"里的"四史"经典浸润心灵,亲子诵读中的红色故事扣人心弦,各种诵读比赛屡获佳绩,民乐队内星光熠熠,京剧"唱念做打"有模有样……

2. 行文化传承担当之责

于中华传统文化传承中建设良好学风,可让学生们在深厚的文化底蕴中汲取民族精神的营养,养成良好品格。班级学生一起制作传统文化生活日历,让每一个节日都具有仪式感:清明寄哀思,隔空敬英雄,大家共同开展云祭扫;中秋遇国庆,月圆情更浓,大家一起做美味的月饼,献祖国、谢师恩、孝双亲,让传统节日有了时代气息。

---

① 作者:教师李蕊。

二、行万里河山，立高远之志

读万卷书，行万里路。笔者在班级的学风建设中，开展"行万里河山，悟高远之志"系列活动。

1. 行于名校游学，悟报效祖国之志

在一所所历史悠久的知名大学里，学生们能充分感受深厚的人文底蕴：大家在清华校园中感知"自强不息 厚德载物"，在南开大学内理解"允公允能 日新月异"……众多高等学府促使学生领悟志存高远、报效祖国的深刻内涵。

2. 行于远足拉练，悟民族振兴之志

学校每年春季举行十公里远足拉练，既锻炼学生的耐挫能力，又使其感悟到：自己脚下的路，只有脚踏实地才能走好。学生来到长城拉练，屹立长城之巅，感受民族脊梁的坚挺。大家用脚步丈量青春，走好新时代的长征路，为实现中华民族伟大复兴的中国梦锻炼意志、强身健体。

3. 行于社会实践，悟奉献家乡之志

学生们承担公共设施清洁的任务，甘当"创文""创卫"小使者；为建设美丽家乡，学生对学校周边垃圾分类进行调查分析；为了解家乡的历史文化，学生争做小导游，带领朋友们畅游天津卫……大家在活动中感受家乡的巨大变化。

4. 行于"脱贫攻坚"，悟关爱他人之志

在国家脱贫攻坚战中，学生以微薄之力点亮扶贫灯，与多处贫困地区的青少年开展"小手拉小手"系列活动：赴河北省兴隆县青松岭中学，开展"携手共进，丈量青春"联谊活动；两年间为新疆和田县同学捐赠图书 500 多本，开展"共读一本好书"活动；与西藏、甘肃青少年云端联系，体验和感受贫困地区学生艰苦的

学习环境,养成关爱他人的良好品格。学生们从线上到线下,行于祖国万里河山,立高远之志。

三、知时代需求,练创新之能

时代需要创新,教育更需要创新,班级在学风建设中,创新小组建设,班级中每个小组紧跟时代前沿,学习先进技术,练创新之能。

1.知媒体宣传,展创新风采

班级传媒小组创设班级微信公众号,将传统的班级活动在新媒体平台进行展示,充分展少年风采,扬班级文化,弘爱国之志。现班级微信公账号的浏览量已达几万人次。

2.知信息技术,兴创新思维

居家学习时期,DV 小组拍摄"我的学习我做主"微电影,在云端分享学习方法;VR 小组开展线上 VR 旅游,带领同学们欣赏祖国大好河山,改变思维方法。

3.知人工智能,走创新之路

为了更好地成为祖国未来的接班人,各小组学习人工智能的相关知识:学习编程软件,操控机器人;学习 3D 打印技术,打印教具模型;学习航海模型,为未来建设祖国积蓄力量;学习搭建桥梁,努力成为未来工程师。

学生们全面发展,不断践行着"知中有行,行中有知",不断将知行合一的班级文化内化于心,外显于行。从小学校到大舞台,从天津市文艺展演到全国书法大赛再到各类体育、科技赛事,学生们多次赢得个人和集体优秀奖项。学生们在"知"上不断积淀,在"悟"上不断深化,在"行"上不断提升,知与行融合的班风学风,培养出把个人的理想追求融入国家和民族事业中的优秀少年,书写其无愧于时代的青春之歌和精彩人生。

【案例五】天津市东堤头中学"实践课程"建设总结

德育工作是与心灵相关的工作。从建构主义角度来看,学生主观建构的实现是德育有效建设的标志。而随着信息技术迅猛发展,学生获取信息渠道的多元,传统的说教式德育及独立的、单一的、象征化的德育活动都无法满足新时期德育的需要。

基于以上思考,天津市东堤头中学以"实践课程"为德育抓手,力争构建一种系统化、课程化的综合德育工作模式,以丰富的活动实现真实的体验,以系统的规划实现教育的延伸与综合,从而辅助学生养成核心素养。经过几年的实践,学校德育工作取得了较好的效果,为改变学校所在地区教育发展不均衡的情况做出了一些贡献。

一、"实践课程"的优势

(一)"实践课程"能体现初中学校德育工作的本质特征,提高德育工作的有效性

德育工作的本质特征是学校有目的、有计划、有系统、有组织地对学生施加以社会主义核心价值观为主线的政治、思想、道德影响,从而使学生形成良好的思想品德。"实践课程"由"背景体系、目标体系、内容体系、实施体系、评价体系、支持体系、培训体系"构成,只有将德育课程化,才能很好地避免德育的离散性、随机性,并能体现初中德育的本质特征,从而实现德育工作的有效性。

(二)"实践课程"有利于遵循规律实施学校德育工作,适应时代发展,提高德育的有效性

德育工作遵循的规律主要有:初中生身心发展规律、初中生

品德养成规律、德育过程中师生互动规律等。

规律的遵循是一个持续不断的实施、发展的过程。在学校里,只有以课程为载体才能保证德育可以持续不断地实施。

(三)"实践课程"能够增加学生吸收的信息量,扩大德育的空间与时间,提高德育工作的针对性和时效性

二、"实践课程"的体系建设

(一)构建"实践课程"的目标体系

1.确定学生十八维品德行为发展目标

学生十八维品德行为发展目标为:团结、助人、诚实、守信、文明、礼貌、尊师、孝敬、勤奋、节俭、遵纪、守法、公平、正义、知方、行正、弘学、志远。

2.确定学生六维价值观发展目标

学生六维价值观发展目标为:自我观、亲情观、友情观、幸福观、集体观、国家观。

(二)构建"实践课程"的内容体系

"实践课程"以"社会主义核心价值观"设计主题德育课程,共包含以下六个方面的教育。

第一,以马克思主义中国化最新成果教育培养学生的"爱心、感恩心、荣誉心、责任心、合作心、奉献心"等"六心",为学生形成正确的世界观、人生观、价值观奠定基础。

第二,进行理想教育、信念教育和道德法制教育,加强学生对中国共产党的领导、对社会主义制度的信心,培养学生良好的社会主义道德品质。

第三,进行爱国主义、改革创新等时代教育,培养学生热爱祖国的情感和创新精神。

第四,进行社会主义荣辱观教育,培养学生团结互助、诚实守信、遵纪守法、艰苦奋斗等良好品质。

第五,进行环保教育,引导学生珍爱生命、保护生态环境,增强社会责任感。

第六,进行中华民族优秀文化传统教育和革命传统教育,弘扬民族精神,使学生尊重中华民族优秀传统,发扬优良革命传统。

(三)构建"实践课程"的实施体系

1.确定"实践课程"的两大载体、十种德育方法和三类课程

"实践课程"的两大载体为课程载体、生活载体。明晰"道理说服法、个别谈心法、情境陶冶法、实践体验法、集体感染法、榜样引导法、经验交流法、评价激励法、两难辨析法、教者示范法"十种德育方法的适用范围,通过以下三类课程的实施来完成"实践课程"。

(1)德育学科课程

德育学科课程即初中思想品德课,其以传授德育知识为主,直接对学生进行思想品德教育。

(2)学科渗透课程

学科渗透课程寓德育于语文、数学、英语、物理、化学、生物、历史、地理、艺术、体育等学科教学之中,引导教师在课堂教学中落实"社会主义核心价值观"的内容要点。

(3)德育活动课程

首先依托地方课程开发综合实践活动拓展性课程,其次结合地方课程开展法制教育、安全教育、生命教育等专题教育活动,最后在校本课程中,按照教学月分解月主题课程。如一月"会节俭"(文明迎新春),二月"知礼仪"(传统节日、义工活动),

三月"感恩季"(感恩生命——绿色行动,感恩父母——妇女节,感恩社会——学雷锋),四月"读书节"(读书系列活动),五月"心育月"(心理健康日、团体辅导、亲子教育),六月"艺术节"(艺术节展演、班级文化节),七月"红色月"(庆祝建党日、建军节,开展名校之旅),八月"做公益"(参加社会实践活动、公益活动),九月"守规则"(行为规范训练月、弘扬民族精神月,教师节、重阳节活动),十月"爱国家"(国庆节、合唱节、家乡节),十一月"创新月"(创客工坊等),十二月"法治月"(法制安全系列活动、模拟法庭)。

2.确定每月主题课程

学校每月主题课程包括以下几类:

(1)以系列节日为德育内容,传承中华民族优良传统的德育课程。

(2)以学校校本课程为德育内容,培养学生核心素养的德育课程。

(3)以培养学生自主教育能力的德育课程。

(4)以"亲子互动"为德育内容,整合家庭教育的家校互动德育课程。

(5)以"职业生涯"为德育内容,走向社会的义工实践的德育课程。

(四)构建学生品德行为的评价体系

对学生思想品德行为进行评价是德育工作的必要环节,其具有导向、激励、甄别、调控等功能。学校坚持"以评价促发展",确定学生思想品德行为评价的"项目指标、评价标准、评价方法",构建学生品德评价体系,编制《学生操行品德评价手册》。

学校在实施评价时,以分项评价为主,为学生提供十八维品德行为各项的平均数,便于学生明确努力的方向,便于教师、家长明确德育的重点,进而提高德育的有效性。学校以自评、他评、老师评、家长评形成多元主体评价,以过程性评价、结果性评价、认定性评价构成多样方法评价,最大限度地多维度评价学生。评价的功能不仅在于考核,对学生而言,评价的最大意义在于通过评价引导学生、肯定学生、激励学生,从而使学生的品德行为不断发展。学校积极发挥学生品德行为评价的导向性,努力实现德育评价指标系列化、评价标准与评价主体多元化、评价方法多样化,努力提升德育评价的科学性。

三、"实践课程"的实施流程

(一)活动前教育

在活动前对学生进行安全、法治、纪律、礼仪教育,教育学生注意自我保护。

(二)内容选择

学生根据自己的兴趣和已有的知识经验,选取活动主题和内容。活动要坚持"就近原则",注意活动的主体性、可行性、经济性和安全性等。

(三)精心规划

学生先联系好将要去服务的地点或单位,制定活动计划,报告家长、班主任或指导教师,填写《天津市东堤头中学学生社区服务活动记录卡》。家长、班主任或指导教师要对活动的计划与地点进行分析考察,并对服务活动的可行性和安全性进行评估。

(四)活动实施

每项活动实施过程中,注意收集一些活动照片,撰写活动经历、收获、感受或体会等。

(五)交流展示

交流形式多样,除每学期两次集中交流外,还可以利用主题班会、班级网页、墙报展览等。

(六)评价总结

活动采用综合多元的评价方式,观察记录、活动表演、调查报告、成果展示等均可。学生汇总每次实践课堂的原始材料,把相关材料粘贴在一起装订成《天津市东堤头中学学生成长档案》后上交。

四、"实践课程"的特色活动

天津市东堤头中学的"实践课程"内容丰富,形式多样,主要包括以下四类:

(一)参观体验类

学校每学年进行军训活动,主要包括军事知识教育、军事技能训练和纪律的养成教育。

学校每年以"任务寻宝"的形式分年级参观天津博物馆、天津科技馆、平津战役博物馆、周邓纪念馆等;每年清明节祭扫革命烈士墓。参观活动结束后,学生回校开展交流分享活动。

学校带领学生参观周边的消防队、交警队、渤海职业技术学院、部分工厂,开设"生活一点通"生活体验课程。

学校每年春季开展远足活动。这项活动是学校传统实践课程,旨在培养学生吃苦耐劳的精神、坚忍不拔的意志和耐挫能力,树立亲近自然、热爱家乡的情感和保护环境的意识。

学校在清明节期间组织学生祭扫革命烈士墓

(二)志愿服务类

1. 社区宣传活动

学校每学期组织学生开展法制宣传、科普宣传、人口与保健宣传、环保与卫生宣传及系列主题宣传日活动;参与天津市北辰区西堤头镇和刘快庄村(村委)文化建设、文化宣传,布置文化宣传长廊、展板,进行文化展演。

学校组织学生参与北辰区西堤头镇文化宣传建设等活动

2.社区环境建设活动

学校学生担任周边村的村务小助理,帮助维护街道卫生、清理小广告,担任所在乡镇、街道交通管理小助理,参与交通管理。

3.帮贫助困活动

学校学生为所在各村敬老院的孤寡老人打扫卫生、表演节目、讲解时事新闻等。

4.行业辅助性活动

学校学生为村镇的乡村图书馆和大型活动提供志愿者服务,到周边邻居家的菜地进行义工劳动等。

学校星空志愿者在参与志愿活动途中的剪影

(三)调查研究类

1.旅行研学活动

学生通过自主申报旅游目的地、实地考察后设计旅行线路并制作简略的旅行线路图、查阅资料,准备导游解说词,开展旅行研学活动。

2. 实践调研活动

以"西堤头镇乡村休闲旅游业开发现状调查"作为切入点和载体,教师指导学生查阅各种资料,制定出调查的四个方面:旅游资源、基础设施、客源市场、居民意愿,激发学生的参与热情。

旅游资源的调查通过文献资料法和野外考察法开展,教师带领学生深入了解西堤头镇的古贝壳堤;通过走访调查,了解垂钓园、采摘园、其他旅游资源的分布和经营状况;通过采访西堤头镇农办主任,了解到目前西堤头镇的自然环境与农业生产状况、乡村休闲旅游发展的规划和政策等内容。

基础设施的调查通过查阅电子地图与实际走访开展,调查组了解到西堤头镇的交通状况和区位优势、酒店宾馆的分布与规模特色等,并与负责旅游资源调查的同学合作,设计西堤头镇乡村休闲旅游图。

客源市场的调查采用调查问卷的方式开展。在教师的指导下,学生精心设计调查问卷,并通过"问卷网"向天津市民发放调查问卷,收回来自全市的 1305 份有效问卷,学生对问卷统计结果进行分析。

居民意愿的调查同样采取调查问卷的方式。学生将调查问卷通过微信发送给西堤头镇三个村的居民,收回 1129 份有效问卷,学生通过对问卷统计结果的分析,获取了有效信息。

3. 参观考察休闲旅游示范基地

学校组织学生带着问题去参观考察本区两个乡村休闲旅游示范基地,通过访问负责人,对基地的经营状况、项目规划和实施状况、营销状况、宣传状况、基础设施完善状况、客流量及资金来源等都做了详细了解,并最终完成调研报告。

(四)技能训练类

为了提高学生的劳动技能、生活技能、创新技能等,学校开设十字绣、中国结、烘焙、园林种植等"实践课堂"。

五、"实践课程"的成效

学校的"实践课程"做到了面向全体学生并充分考虑学生的个体差异,尊重学生的兴趣爱好,力求使每位学生都能得到充分发展。学校对"实践课程"的时间给予规定,每位学生原则上一学年内参加参观体验类活动不少于2次,参加志愿服务类、调查研究类、技能训练类活动总体每月不少于1次,其中中学生每学年开展调查研究不少于一次。

学校的"实践课程"集教育性、实践性、综合性、开放性、创新性、科研性于一体,为学生体验生活、感悟文化、开阔视野、培养意志、提高素养搭建广阔的成长舞台。